ぎょしょく教育

愛媛県愛南町発 水産版食育の実践と提言

若林良和 編著

筑波書房

まえがき

　今日、日本では魚の需要が国内産だけで充足できず、諸外国から大量の水産物が輸入されるなか、世界的に魚介類の需要が急増し、日本は魚の「買い負け」の状況が続いている。その一方で、「魚食民族」や「魚の民」と呼ばれる日本人の食生活は大きく変化している。とりわけ、青少年の「魚離れ」が各種の調査で報告されている。この「魚離れ」の流れは、今に始まったことではない。個人的な経験で申しわけないが、記しておきたいことが、いくつかある。15年ほど前、ルポライター足立倫行さんとの対談で、漁家の食卓でさえも手軽で簡単に調理できるカレーやハンバーグなどが頻繁に出てくることを、私たちは憂い合ったのである（『中央公論』第1273号、1991年8月刊）。さらに、高知県の国立室戸少年自然の家の主催事業の企画と運営に関わった時も、私は小学生の魚食の頻度が少なくなり、その内容が貧弱になっているのを体感した（高知新聞『所感雑感』「魚食とカツオの復権」、1999年6月18日付け）。

　そうした憂いの一方で、私は安堵の経験もした。5年前、沖縄県石垣地方にある小浜島の漁業者宅を訪問した際に、小学生の子どもを持つ親の徹底した躾を目の当たりにする機会があった。日本本土と同様にテレビゲームに興じる小浜島の子どもたちの光景を見るにつけ、いずこも同じかと思って発した私の質問への答えは次のようなものだった。「海にも連れていって漁も手伝わせるし、魚もきちんと食べさせているよ、先生！」と、明快で力強いものであった（みなと新聞『異見卓想』「ちゅらさんの故郷の教え　海と魚に親しむ子供に」、2002年5月1日付け）。

　沖縄の両親の答えに、目からウロコが落ちた。というのも、これからの日本の水産業と食生活のことを考える場合に、本来のあるべき姿だと実感したからだ。その根底にあるのは、家族で、自然の海に関わり、漁を担い、魚を摂るという食習慣の重要性である。2005年7月に施行された食育基本法に

したがって、各自治体で食育推進計画が立案され、小中学校では、学校給食など様々な機会を通して、食育という言葉を用いて本格的な実践が展開され始めた。また、魚を用いた料理教室など多彩な魚のイベントが、子供たちとその保護者を対象にして、漁協や公共施設などで行われている。こうした取り組みにより、少しでも、子供たちが魚に親しみ、栄養のバランスが保たれ、魚食の普及につながることに異論を唱える人はいないだろうし、むしろ、大いに歓迎したい。

　そうしたなかで、私は、ある一つの考えを持ってプロジェクトチームを立ち上げた。その考えとは、子供たちに、単に魚への興味を持たせたり、魚の栄養について理解させたりするという個別の目的にとどめず、魚に関する全ての事柄を包括的、かつ、体系的に把握・実践させることの重要性である。そのために、私たちは新たな概念の提示と実践プログラムを検討した。それが、総合的な水産版食育の「ぎょしょく教育」であり、その実践活動を愛媛県最南端の愛南町で行った。この取り組みは、愛南町ぎょしょく普及推進協議会の食育活動として「地域に根ざした食育コンクール2006」で優秀賞を受賞し、また、『水産白書』で２度も紹介された（『水産白書』平成18年版（2006年６月刊）、平成19年版（2007年６月刊）。したがって、愛南町は「ぎょしょく教育」発祥の地と位置付けることができるわけで、その意味を込めて、サブタイトルに「愛媛県愛南町発」と付した次第である。

　言うまでもなく、これから紹介する私たちの取り組みは愛南町の地域住民の協力と連携なくして展開できるものではなかった。ここに、改めて、プロジェクトチームを代表して、愛南町の方々はもちろん、愛媛県下の関係各位に衷心より御礼を申し上げたい。

　さて、本書は、愛媛大学「ぎょしょく教育」研究推進プロジェクトチームのメンバー４人（代表：若林良和、阿部覚、竹ノ内徳人、野崎賢也）による、2005〜2006年度における「ぎょしょく教育」の実践活動と研究成果を公表するものである。本書の２つの目的とそれらに相当する各章の概要は、次のとおりである。

まえがき

　第1の目的は、私たちが愛媛県愛南町で取り組んだ「ぎょしょく教育」の実践内容を紹介し、その重要性を明らかにすることである。それには、第1章から第6章までの総説編と実践編が相当する。第1章と第2章が「ぎょしょく教育」に関する総説である。第1章では、現代の食生活の変容、とりわけ、子供たちの「魚離れ」を取り上げ、それを是正していくためには、総合的な水産版食育である「ぎょしょく教育」の必要性を提案する。それを受けて、第2章において、「ぎょしょく教育」の視点と意味、内容、特徴を説明する。第3章から第6章までが「ぎょしょく教育」の実践報告である。「ぎょしょく教育」プログラムは2つのプログラムで構成されているが、第3章が基盤プログラムの実践報告で、第4章が展開プログラムの実践報告になっている。そして、第5章は「ぎょしょく教育」への関心を高めてその普及を進めるために、マニュアルやカードゲームなどツール開発の軌跡を総括する。第6章では、「ぎょしょく教育」を推進する上で必要不可欠であった地域協働の様態について総括する。

　第2の目的は、愛南町をフィールドに展開した「ぎょしょく教育」の実践を踏まえつつ、食育との関わりで学校・教育・地域・水産業のあり方や方途に関する提言を行うことである。それらには、第7章から第9章までの提言編が該当する。まず、第7章では、「ぎょしょく教育」の教育的効果や地域的効果、地域資源をもとにした「ぎょしょく教育」の今後の方向性を検討する。次に、第8章は「ぎょしょく教育」と食システムの関係について、水産物流通の視点から論じる。最後に、第9章は地域活性化に向けて、「ぎょしょく教育」を地域ビジネスに展開するための方策と可能性について議論したものである。

　本書によって、魚や水産に関する食育への理解が、漁業者から消費者までの幅広い人々の間で、そして、何よりも、子供たちの間で、少しでも深まる契機になることを祈念したい。

2007年12月

編著者　若林良和

目　次

まえがき ……………………………………………………… 若林良和……3
地域からのメッセージ ……………………………………… 谷口長治
　　　　　　　　　　　　　　　　　　　　　　　　　　濱田伊佐夫……11

【総説編】

第1章　進行する子供たちの「魚離れ」
　　　　―現代食生活の変容と食育― ……………………… 若林良和……17
　1．食の生活環境と食育……17
　2．子供たちの魚をめぐる食環境……18
　3．水産版食育・「ぎょしょく教育」の必要性……23

第2章　「ぎょしょく教育」とは何か？
　　　　―その視点と概念― …………………………………… 若林良和……26
　1．着想の根拠……26
　2．基本的な視点……27
　3．「ぎょしょく」の意味……27
　4．特徴と意図……36

【実践編】

第3章　地域の魚を体感し理解する
　　　　―基盤プログラムの実践報告― ………………………… 若林良和
　　　　　　　　　　　　　　　　　　　　　　　　　　　　阿部　覚……41
　1．「ぎょしょく教育」発祥地としての愛南町……41
　2．2つの授業プログラム……43
　3．授業概要……43

4．講義……46

5．調理……52

6．試食……56

7．幼稚園児・小学校1年生の試行的な授業……57

第4章　地域の魚に関する生産と流通を理解し考察する
―展開プログラムの実践報告― ……………………阿部　覚
若林良和……59

1．プログラムのポイント……59

2．授業概要……59

3．小単元1：「魚売場はどうなっているの？」……60

4．小単元2：「魚屋さん・市場・漁協でしらべてみよう」……64

5．小単元3：「情報の発信を行おう」……70

第5章　「ぎょしょく教育」への関心を高めて広める
―普及に向けたツール開発の軌跡― ……………………若林良和
阿部　覚
野崎賢也……72

1．ツール開発の目的……72

2．『スーパーマーケットへ行こう!! GO！GO！お魚編』の作成……73

3．『ぎょしょく教育　実践マニュアル』の刊行……75

4．カードゲーム『ぎょショック』の制作と実践……77

5．ツール開発の成果……85

第6章　「ぎょしょく教育」の実践で地域社会の協働関係(ネットワーク)を編み直す
―まちづくりの主題としての食育の力― ……………野崎賢也……87

1．「ぎょしょく教育」と地域社会……87

2．地域の関係者へのアプローチ……88

3．「ぎょしょく教育」実践から生まれた協働（チームワーク）……91
4．地域のつながりを編み直す：「ぎょしょく教育」を支える協働関係（ネットワーク）へ……98
5．食育をまちづくりに生かす……101

【提言編】
第7章　「地域理解教育」としての新展開
　　　──「ぎょしょく教育」の効果と展望を探る── ……若林良和……107
1．はじめに……107
2．実践的効果……108
3．地域的効果……114
4．意義……117
5．教育コンテンツとしての地域資源……118
6．おわりに……120

第8章　「ぎょしょく教育」と食システム
　　　──水産物流通から「顔の見える関係」構築を目指して──
　　　…………………………………………………………阿部　覚……124
1．はじめに……124
2．漁業と食品産業の相互関係……125
3．地域水産物と卸売市場の経由……128
4．地域の水産物消費と利用……131
5．おわりに……136

第9章　「ぎょしょく教育」と地域ビジネスへの展開
　　　──マリンツーリズムによる活性化を目指して── 竹ノ内徳人……139
1．はじめに……139
2．マリンツーリズムの現状と市場動向……140
3．「ぎょしょく教育」の産学官連携の効果……143

4．「ぎょしょく教育」のビジネスへの展開……144
5．食育ビジネスとMTとの融合……148
6．おわりに……150

あとがき 若林良和……153

参考資料 157

索引 161

執筆者紹介

※カバーの写真は、愛媛県愛南町での「ぎょしょく教育」授業の実践風景である。

地域からのメッセージ

「ぎょしょく教育」を核にした地域活性化の取り組みに期待をこめて

愛南町長　谷口長治

　この度の『ぎょしょく教育』のご出版おめでとうございます。

　若林先生をはじめ愛媛大学の先生方による「ぎょしょく教育」研究推進プロジェクトチームには、町の課題であった水産物の利用拡大や食育の推進に対して、日頃から献身的に御指導と御協力をいただいておりますことに感謝申し上げます。

　愛媛県愛南町の魅力は、美しく優美な宇和海を背景に青い空と緑豊かな山々の自然。そして、温暖な気候を生かした河内晩柑の愛南ゴールドなどの農産物と、この豊かな自然から育まれた新鮮で豊富な魚介類であります。

　こうした、安全で安心な地域資源を活かした第一次産業の活性化を中心とした、自立に向けた元気なまちづくり、足腰の強い新たな産業づくりを目指して町民の皆さんと協働で「愛南ブランド」の創出や「グリーン・ツーリズム」の推進に取り組んでいるところであります。

　このようななか、「ぎょしょく教育」研究プロジェクトが、大学・漁協・生産者並びに町の連携と協働により展開されております。町としては、愛南町ぎょしょく普及推進協議会を中心として、教育委員会の協力を得ながら学校や保育所での積極的な「ぎょしょく教育」への取り組みを促した結果、次第に子どもたちが関心や興味を持ち始めてきました。そして、子どもから保

護者へと成果は大きく広がってきていると感じております。また、今回の出版により、安全で安心な地域の食材を活かした「ぎょしょく教育」の取り組みを核に、地産地消事業や愛南ブランドの創出など他の様々な地域活性化への取り組みの第一歩が全国に紹介されることになり、心より厚くお礼申し上げます。

　さらに、2008年4月には、本町役場西海支所の一部を活用して愛媛大学南予水産研究センターが設置されることになりました。ここでも、若林先生や各先生方と漁協・水産業者・町の連携と協働による研究や種々の活動が計画されており、これらが地域の活性化につながっていくことに大きな期待を寄せております。

　「ぎょしょく教育」を特色ある町の食育推進の核にしながら、かつ、産業振興と連携をした地域社会の活性化を目指した「産・学・官」による本プロジェクトの取り組みが、全国各地においてふるさとの食育を考えるきっかけづくりに発展されますことを御祈念申し上げまして、お祝いのメッセージといたします。

地域からのメッセージ

「ぎょしょく教育」と水産振興の発展に期待して

愛南漁業協同組合組合長　濱田伊佐夫

　今回の『ぎょしょく教育』の出版に関して、地域の水産業界を代表して、一言、申し上げます。

　若林先生を中心に愛媛大学の先生方には、漁協合併に伴う「かつおフェア」などイベントの開催、地域ブランドの検討など多方面で御指導を賜り、日ごろより感謝している次第です。そして、3年前から「ぎょしょく教育」の取り組みが町内の各校で積極的に行われており、これに、本組合はもとより、地域が賛同し一体となって協力しています。その成果として着実に身を結んでいると私も感じており、関係者一同で大変、喜んでいます。2007年1月の食育コンクールでは、私は、愛南町ぎょしょく推進協議会の会長として、優秀賞受賞の栄誉を得ました。愛媛大学と愛南漁協、愛南町役場の3者が東京の朝日ホールの壇上で受理したことを光栄に思うとともに、全国の水産関係者や地域の方々からお祝いの連絡を受け、感動しました。

　それで、今回の出版によって、「ぎょしょく教育」の内容が、そして、「ぎょしょく教育」発祥の地である愛南町の存在が、全国に広く周知されるという重要な意味があるのではないかと思い、大いに期待します。

　2008年4月、愛媛大学南予水産研究センターが本町西海地区に設置されることになりました。若林先生をはじめ各先生方によって、より一層、地域の水産業振興につながる取り組みが推進され、愛南町の水産業が、そして、愛南町全体が活性化することを祈念します。更なる期待を申し上げて、お祝いのメッセージとします。

総説編

魚に親しむ

第1章　進行する子供たちの「魚離れ」
―現代食生活の変容と食育―

1．食の生活環境と食育

　私たちの食生活をめぐる環境は大きく変化してきた[1]。昭和50年代に米飯を中心に魚介類や畜産物、野菜、果物など多様な食品を組み合わせた「日本型食生活」が確立され、栄養バランスの優れた理想的な食生活になったといわれる。しかし、生活水準が向上し、ライフスタイルも多様化した結果、食に対する環境や価値観も変化し、また、食の安心・安全をはじめ食をめぐる問題には枚挙のいとまがない現状にある。

　たとえば、家族観の変化や、女性の社会進出によって、外食産業や加工食品市場が拡大して、「食の外部化」は進行している[2]。さらに、栄養面ではバランスがとれずに偏った状況にあり、食事時間も不規則となり、朝食の欠食率が上昇傾向にある。また、若い女性のダイエットによる拒食症や摂食障害など過度の痩身志向が広まり、30歳以上の男性を中心に肥満やメタボリックシンドローム、生活習慣病が増大し、その低年齢化がみられる。他方、O-157問題やBSE問題、食肉偽装や産地偽装など食品表示偽装により、消費者の食品に対する安全性や信頼性が失われている。それに、輸入食材の増大によって食料自給率が低下する一方で、食品の残渣・浪費もある。また、外食や調理済み食品の多用などによって、地域に根ざした伝統的な食文化が継承されずに喪失の危機にある。

　こうした危機的な状況下、生涯にわたって健全な心身を培い、豊かな人間性を育めるように、食育を総合的、計画的に推進するべく、2005年7月に

食育基本法が施行された。そもそも、食育とは、食育基本法を踏まえれば、生きる上で心身の健康の基本であって、知育、徳育及び体育の基礎となるべきもので、食生活に関する様々な教育のことである。そして、食育は、様々な経験を通じて、食べる物を選ぶ力など「食」を選択する力、そして、調理法や食べ方、味覚形成、食物の生育など「食」に関する正しい知識を習得し、健全で豊かな食生活を実践できる人間を育てることである。

2006年3月に策定された食育推進基本計画により、食育推進活動は5年計画で、食環境の整備と向上に向けた国民運動として位置付けられた。そのなかで、具体的な取り組みとして、①家庭での食育の推進、②学校給食の充実による学校や、保健所などでの食育の推進、③地域における食生活改善の取り組みの推進、④食育推進運動の展開、⑤生産者と消費者の交流促進、環境と調和のとれた農林水産業の活性化、⑥食文化の継承のための活動支援、⑦食品の安全性、栄養その他の食生活に関する調査研究、情報提供、国際交流の7つがあげられている。現在は、この計画を受け、各地方自治体において食育推進関係の会議が設置され、食育推進計画は立案されている。

2．子供たちの魚をめぐる食環境

(1)「魚離れ」の実態

「まえがき」にも記したように、私は従来から「魚離れ」を実感していたが、ついに、『水産白書　19年版』でも「かつてない急速な「魚離れ」と魚食大国日本の翳り」と題して、そうしたことが取り上げられている[3]。

まず、1人1日当たりの魚介類と肉類の年齢別摂取量（厚生労働省『国民健康・栄養調査報告』）は、図1に示したように、19歳未満で肉類が多いが、20歳以上では加齢につれて魚介類が多くなる。これは「魚食の高齢化」とも言えよう。この9年間をみると、魚介類の摂取は全体的に減少しており、とりわけ、2004年に30歳代から50歳代までの各世代で大きく減少している。

それに、1人1年当たりの外食を含まない生鮮魚介類の購入量（総務省『家

第1章　進行する子供たちの「魚離れ」

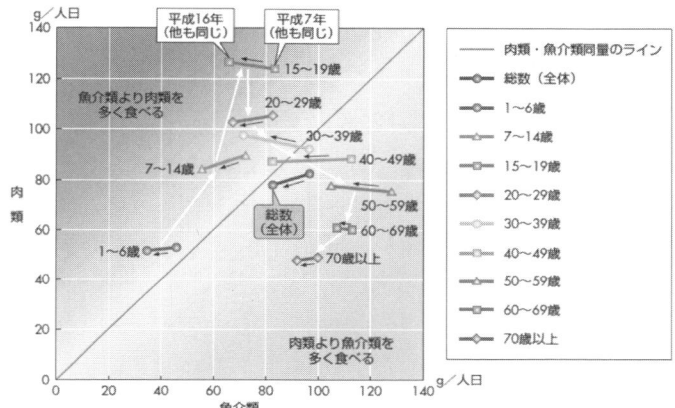

図1　1人1年当たりの魚介類と肉類の年齢別摂取量
（出典：『水産白書　平成19年版』p13）

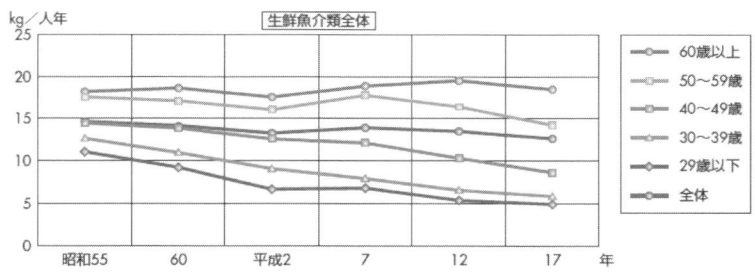

図2　1人1年当たりの外食を含まない生鮮魚介類の購入量
（出典：『水産白書　平成19年版』p15）

計調査年報』）も、図2のとおり、同様に減少傾向を示している。生鮮肉類が約6kg（1965年）から12.6kgに（2005年）と増加する一方で、生鮮魚介類は約16kg（1965年）から緩やかに減少を続けて生鮮肉類とほぼ同量の12.7kg（2005年）となり、逆転する気配さえある。こうした減少の理由は、頭や内蔵など不可食部の除去された切り身や刺身などで購入されるのが多くなったこともあるが、それ以上に「魚離れ」によるものと見られている。従

来、中高年齢層は肉類よりも魚介類を多く購入して摂取するという「加齢効果」がみられた。しかし、現時点では、昭和30年代生まれの世代には、それがみられず、50歳を境に、日常的に魚を食べる者と食べない者とに二極化されていく状況にある。また、「29歳以下」と「60歳以上」の世代間の格差は、1980年に1.6倍であったが、2005年には3.8倍と大きく拡大していることから、若年層での「魚離れ」が顕著である。なお、その購入量は魚種で大きく異なり、マグロやカツオ、サケが増加し、アジやイワシ、イカで減少傾向が続いている。

(2)「魚離れ」の原因

　日常の家庭での食卓の主菜に関する調査（大日本水産会、2006年）によると、図3のとおり、肉料理が約6割を占め、魚介料理は約1割にとどまっている。外食や中食（持ち帰り弁当など調理済みのものを持ち帰って食べる形態）では、肉料理が圧倒的に多くなり、魚介料理はさらに少なくなっている。また、夕食で週1～2日しか魚介料理（外食や惣菜、弁当を含む）を食べない世帯が約半分で、魚介料理の頻度は肉料理に比べて低い。また、食料支出額に占める生鮮魚介類の割合も、9％前後（1965年）から6％程度（2004年）に減少している。このように魚を食べる機会が低下していることが、「魚離れ」につながっているが、その原因は次の3つが指摘される。

　第1に、魚介類の調理が面倒なことである。魚介類料理は、魚焼きグリルの洗浄など後片付けに手間がかかる上、骨や内臓の除去も面倒であるために敬遠されているようだ。それに、高層マンションに代表される住宅環境の高層化や集合化により、臭いやゴミの問題もあり、魚は敬遠される傾向にある。調理状況の調査（農林漁業金融公庫、2005年）によると、30歳代の主婦の7割は魚をさばかないし、また、焼き魚を作らない主婦も1割以上に達している。この背景には、共働き世帯が増加して調理時間が減少していることや、魚介類の調理法を知らないことにも原因があるようだ。

　第2に、魚介類は肉類よりも割高なことである。100g当たり購入単価（総

第1章　進行する子供たちの「魚離れ」

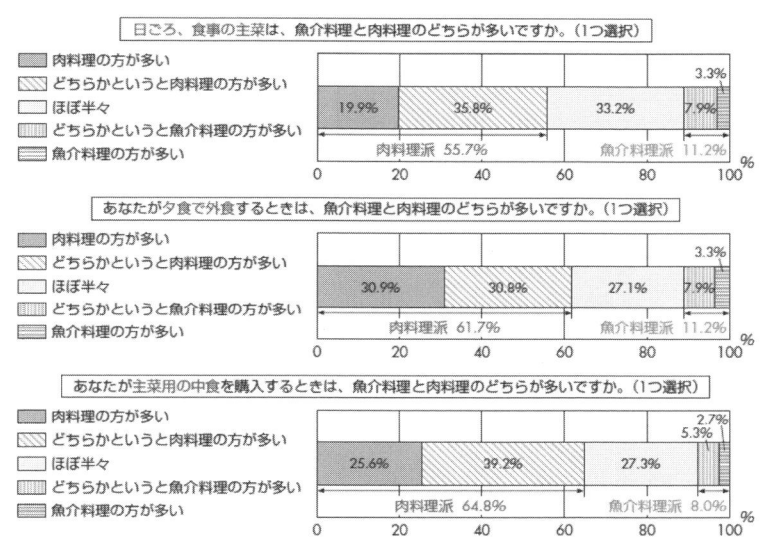

図3　日常の家庭における食卓の主菜の種類
（出典：『水産白書　平成19年版』p18）

務省「家計調査年報」）の推移をみると、1976年まで生鮮魚介類の単価は、生鮮肉類の4～6割の水準であったが、その後に上昇し続け、平成になると生鮮肉類と同じ水準になっている。切り身や刺身などの加工コストが付加されて、肉類との価格差はなくなった。それに、魚介類は、肉類に比べて、頭などの不可食部分が多くて可食部分の重量当たりの単価も高い上に、満腹感やボリューム感もないことから、相対的に魚介類の割高感も生まれている。

　第3に、子供が魚を嫌うことである。食卓の主菜で肉料理の方が多い理由は、図4のように、「家族が魚介類を好まないから」である。そして、その魚介類を好まない家族とは子供のことで、実に約7割を占める。子供の好みが家庭での料理メニューに大きな影響を与えている。子供の魚嫌いは各種の調査でも裏付けられており、いくつか紹介しよう。まず、青少年の食の選好調査（農林中央金庫、2004年・2005年）によれば、小中学生が給食で嫌いな料理の第1位は魚全般で、高校生の嫌いな食べ物でも魚が第2位である。

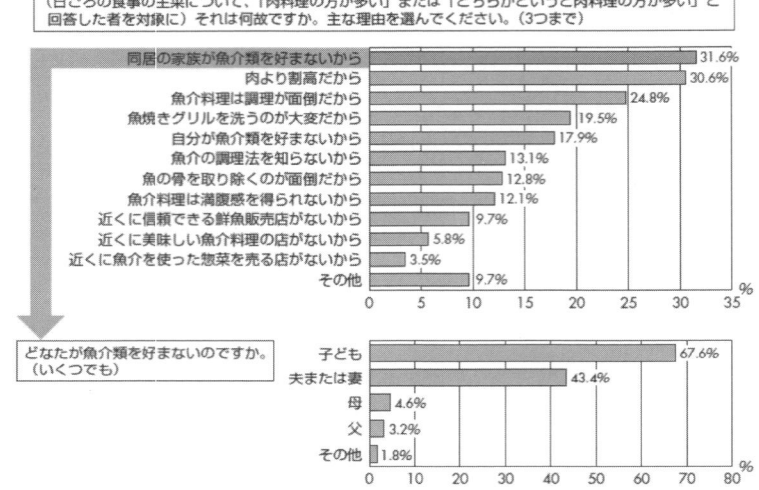

図4　魚介料理よりも肉料理のほうが多い理由
（出典：『水産白書　平成19年版』p19）

　次に、児童・生徒の食生活等実態調査（日本体育・学校健康センター、2000年）によれば、嫌いな料理の第4位に焼き魚、第8位に刺身、第9位に煮魚がランクされている。それから、小学生対象のアンケート（学研、2005年）によると、小学生の好きな食べ物の第1位が男女ともに寿司で30％以上である一方で、嫌いな食べ物では焼き魚が突出している。焼き魚は嫌いな食べ物で女子の第1位、男子の第2位にランクされ、その比率は30％以上に達する。小学生には、回転寿司や宅配寿司などの影響もあってマグロが人気であるのに対して、焼き魚は骨をとるのが面倒くさく、姿がいやで、生ぐさいと感じており、忌避されている。さらに、食生活に関する世論調査（NHK放送文化研究所、2003年）によれば、年齢別の好きな料理ベスト5は、60歳以上の年代で煮魚、焼き魚、刺身、煮物、寿司と魚料理が多いのに対して、30歳未満ではハンバーグ、カレーライス、焼肉・鉄板焼き、スパゲ

ティ・パスタ、ラーメンの順で、寿司が第7位に登場する程度になっている[4]。そして、世帯種類別にみた食料支出額に占める魚介類の割合（総務省「全国消費実態調査」、2004年）では、「夫婦と子ども2人の世帯」は「高齢者のいる世帯」や「夫婦のみの世帯」よりも少ない。また、世帯人数が最多と予測される世帯主年齢40歳代の世帯では、生鮮魚介類の消費が低下しているために、親と子供は魚を敬遠する傾向にある。

　こうしたことから、子供の「魚嫌い」、ひいては、子供の「魚離れ」は顕著な状況にあるといえよう。

3．水産版食育・「ぎょしょく教育」の必要性

　「魚離れ」が現状のままで進行すると、10年後の1人当たり魚介類の消費量が昭和40年代の水準に後退するという予測もあり、国民の健全な食生活に対する悪影響が懸念されている。

　日本人の食生活は、米と魚を中心の「日本型」から、パンと肉の「欧米型」へと大きく変化した。BSE問題や健康食品ブームなどのために、魚が見直される傾向にあるが、全体的には、前述したように、「魚離れ」に歯止めがかからない。特に、若年層を中心に食生活の欧米化が進行し、若年層の「魚離れ」は明らかである。他方、漁業生産は魚価低迷や後継者不足、さらに最近の原油高騰による燃料費や材料費、人件費の負担増大によって、ますます厳しい状況にある。その結果、水産物の輸入が進み、日本は漁業大国から水産物輸入大国へと変化して、食料自給率が低下している。そして、水産物流通経路の複雑化も加わり、魚に関する生産と消費（漁と食）の乖離も進み、魚の安心・安全に対する不安も生まれている。そうした状況への対応として、次の3つが求められる。

　第1に、魚の調理方法の普及と促進である。「魚離れ」が進むなかで、魚介料理を食べる回数を増やしたり、子供に魚介料理を食べさせたり、また、食生活改善のために魚介料理のレパートリーを増やしたいと考える持つ女性

も多い。したがって、日本人の魚食志向には根強い部分があるとも言え、魚さばきなど調理法の普及と促進が重要である。その際には、単なる魚さばきの調理講習会にとどめず、魚に関して総合的な理解を深める必要があるだろう。

　第2に、健康・安全といった社会的ニーズへの呼応である。最近、国民の健康志向と食への安全志向は明白である。食品に健康増進や疾病予防、美容の効能を求めるニーズが強まり、健康と環境に配慮し持続可能性を重視した生活スタイルも求められている。また、食品に関わる偽装など問題が多発し、食の安心・安全に対するニーズも高まっている。優れた栄養特性や安全性を持つ水産物は、こうした社会的ニーズにも呼応できる食品であり、消費拡大も念頭に置いて、魚に関する正確な知識を総合的に提供する必要があるだろう。

　第3に、食文化の啓発と継承である。「魚離れ」の進むなか、健康で豊かな食生活と優れた食文化を守るために、旬や栄養特性といった魚の魅力、美味しく手軽な食べ方など魚に関する情報の積極的な提供と充実が重要である。学校では、望ましい食生活を実現するために、地場水産物の活用した給食や、地域の水産業に対する理解と体験の学習の場を設けて、食育活動をより一層、積極的に推進していくべきである。しかし、学校給食では、水産物の利用頻度が限られているのが実情である。愛媛県松山市の場合、県内産水産物の利用は約20％にとどまっている。

　したがって、こうした点を念頭におき、子供たちの「魚離れ」を是正していくためには、小・中学校などの教育現場をはじめ様々な機会における、新たな水産分野の食育概念が求められる。そこで提案したいのが「ぎょしょく教育」である。総合的な水産版食育と位置付けられる「ぎょしょく教育」に関する概念の提案、さらには、その実践が重要になってくるわけである。

注
1）本稿は以下の文献をもとに書き改めたものである。

若林良和「特集　子どもを魚好きにするには　「ぎょしょく教育」のすすめ―その背景と必要性―」『学校給食』58、pp.26-33、2007
　　　若林良和「「魚」をテーマに食育！　学校・家庭・地域が盛り上がる「ぎょしょく教育」プログラムの授業実践』『食育活動』5、pp.60-67、2007
2 ）女性の社会進出、単身世帯数の増加、高齢化の進行、生活スタイルの多様化などによって、従来、家庭で行われていた調理や食事が、家庭外に依存することが多くなった。こうした食料の消費形態の変化に対応して、食品産業は調理食品や弁当、惣菜などを提供し、その市場が進展している。こうした動向は「食の外部化」と総称される。その食事形態として、中食がある。この中食は、外食（レストランなどでの食事）と内食（家庭での手作り料理の食事）の中間にある食事を意味する。具体的には、家庭以外の場所で調理された食品（たとえば、弁当や惣菜など）を、家庭や職場、学校、屋外などへ持っていったり、配達されたりして、それを調理せずに、そのまま食事をすることである。
3 ）詳細は『水産白書　平成18年版』（農林統計協会、2007年）pp.13-24を参照のこと。
4 ）NHK放送文化研究所の同調査2006年版によると、好きな料理に関して、大きく変動し、焼き魚と煮魚はカレーライスや焼き肉、ハンバーグを抜いて、同率（18％）でトップになっている。しかし、好きな料理の年齢差が顕著であり、若年層の魚嫌いは明白である。焼き魚や煮魚のほか刺身も、若年層（20歳代以下）では10％以下にとどまり、高齢者ほど人気がある。煮魚は60歳代で25％に達するのに、19歳以下では4％にすぎない。

　　　　　　　　　　　　　　　　　　　　　　　　　　　　　　（若林良和）

第2章 「ぎょしょく教育」とは何か？
―その視点と概念―

1．着想の根拠

　若年層の「魚離れ」という現状を踏まえつつ、これまでの食育活動の実践と研究を整理するなかで、「ぎょしょく教育」という新たな概念と教育プログラムを着想した[1]。その根拠は、次の2点である[2]。

　第1に、食育活動の推進には、人間の食に関わる全体像を念頭に置く必要があり、それには社会科学の視点も含めた検討が不可欠である。これまで食育の実践や研究は栄養学や家政学、保健学の分野で先行して精力的に進められているが、食育活動はそれらのレベルでとどまるべきものではなく、人間と食にまつわる事柄を総括的に把握する必要がある。あくまでも、人間は社会的存在であり、食育は現実の社会との関わりにおいて捉え直すべきである。したがって、社会学や経済学などの社会科学的なアプローチも含めてトータルな把握が重要になってくる。

　第2に、食育活動の展開には、水産業の分野に特化させた直接的な検討が不可欠である。食料供給産業と位置付けられる第1次産業のなかで、農業分野での食育活動が先行し数多く存在するが、水産業分野の実践と研究は極めて限られている。したがって、水産分野に特化した積極的な取り組みが重要である。

2．基本的な視点

　社会科学的なアプローチも含めた水産分野の総合的な食育の概念が「ぎょしょく教育」であり、その構築や実践において留意すべき視点は次の3つである[3]。

　第1に、地域の特性を念頭に置くことである。地域に存在する漁業や水産加工業、さらには、地域に根付いた伝統的な魚の生活文化などを地域資源として活かすことにある。

　第2に、従来の食育活動の成果をもとに、新たな概念を設定することである。これまで活発に展開されてきた魚食普及や栄養指導などの諸活動を踏まえつつ、水産業や漁村の置かれている現状を前提に、魚に関する生産と消費の再接近、つまり、漁と食の再接近を図り、食料供給という社会的役割を整理し、資源と環境の連関などを検討していくことである。

　第3に、魚に関わる生産から加工、流通、そして、消費（食）までをトータルに把握すること、つまり、フードシステムとして捉えることである。

　したがって、「ぎょしょく教育」は、水産分野における食育活動を総合的で、かつ、動態的に展開しようとする新たな概念といえる。そして、これは、地域の水産業を基盤にして、食の多様性を例証し、水産物を用いた食育活動に新たな指針や方向性を提示していくものである。

3．「ぎょしょく」の意味

　従来、「ぎょしょく」と言えば、「魚食」が想起され、魚食普及を意味する。しかし、あえて、ひらがなで、「ぎょしょく」と書き表すのは非常に重大な意味があるからだ。前述のように、魚の生産から消費、さらに生活文化までを含む幅広い内容を含めるために、「ぎょしょく」と表記することにした。「ぎょしょく教育」には、図1に示したとおり、6つの「ぎょしょく」の概念が

総説編

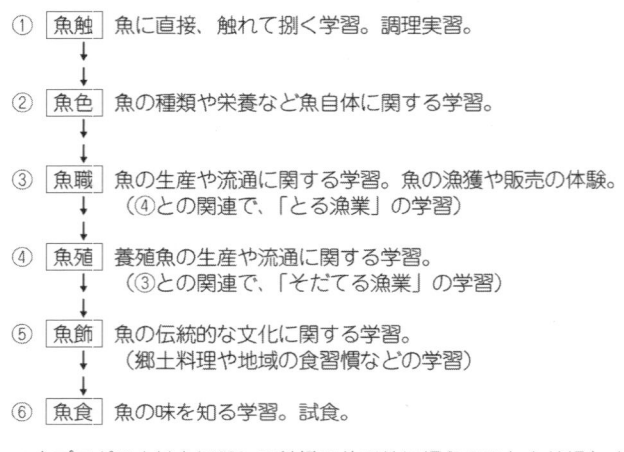

図1　「ぎょしょく」教育のコンセプト

込められている。そして、「魚触」→「魚色（嘱）」→「魚職」・「魚殖」→「魚飾」という一連の学習プロセスを経て、「魚食」へ到達できるように配慮したものが「ぎょしょく教育」なのである。「ぎょしょく教育」の目標は、これら6つの概念をもとに、魚にまつわる諸事象を精緻で、かつ、系統的に学習することである。ここでは、6つの「ぎょしょく」が意味する内容について、地域特性や地域資源の活用を前提にしながら、小学校の教育課程・学習指導要領と関連性に注目しながら整理しておきたい[4]。

(1)「魚触」

第1の「魚触」は、魚に触れる体験学習や魚の調理実習で、特に、地元で水揚げされた魚を触ったり、さばいたりする実習を重視するものである。たとえば、写真1のように、地域で水揚げされたカツオに触れる学習が想定できる。

最近の子供たちが魚を見たり触ったりする機会は極めて限られており、ス

第 2 章　「ぎょしょく教育」とは何か？

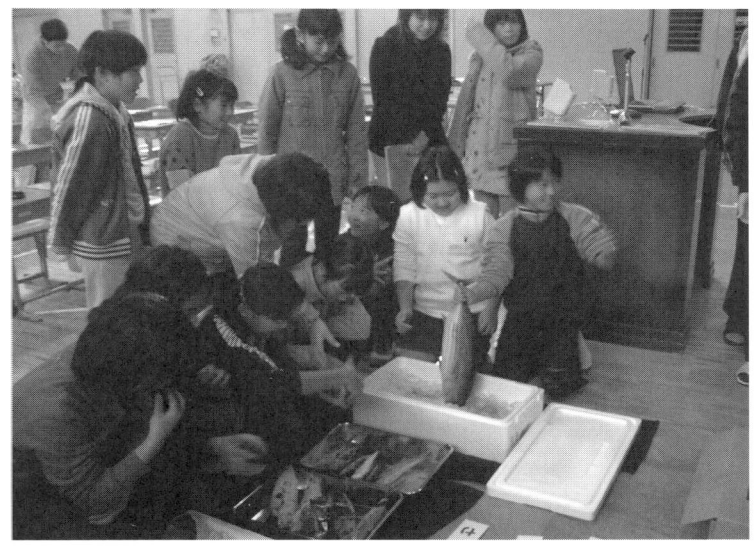

写真 1　「魚触」の学習：カツオに触れる

ーパーマーケットなどで買い物をする時や、水族館で見学する程度になっている。スーパーでは、元のままで売られている魚は少なく、切身に加工されパック詰めになった魚が多い。それで、子供たちのなかには、魚の形と名前が一致できないだけでなく、魚が切身や干物の状態で海を泳いでいると誤解する者さえいる。そして、家庭では、加工処理や調理をした魚を食べる機会が大幅に増え、生きた魚や、元のままの魚を、直接、手で触ることは極めて限られる。これは消費地の都市部に限ったことでなく、漁村地域でも同様の傾向が見受けられる。

　子供たちに、魚に触れる機会を設け、少しでも魚に対する興味や関心、親近感が得られるような環境をつくっていくのが「魚触」である。具体的には、魚の調理実習をはじめ、地引網や定置網などの漁業体験といった体験学習である。『みんなで漁村体験！子どもたちの漁村体験のすすめ』（水産庁発行）では、漁村体験を3つに区分しているが、「魚触」はこのなかの食・伝統文化体験と漁業体験に該当する。この冊子には、魚に触れながら、それを調理

することで、魚嫌いが是正された事例も紹介されている。

　小学校の教育課程との関連でみると、「魚触」は家庭科や特別活動、総合学習と連動する。家庭科の教科目標は食生活に関する実践的・体験的な活動をもとに、それに必要な基礎的知識と技能を身に付けることである。特に、その目標と「ぎょしょく教育」の捉え方は、魚をさばく実践的な活動を通して、その技能習得と、魚への理解を深めるという点で通底する。しかし、小学校では、調理の安全性や、魚の鮮度など衛生面から、鮮魚の取り扱いが制限される傾向にある。それに、中学校や高校の家庭科の調理実習では、鮮魚の調理があるものの、時間的な制約で魚のさばき方は省略されて切身を利用している場合が多い。このように現代の生活環境で看過されつつある側面に注目すると、単なる魚に関する知識だけではなく、魚に触れて魚をさばく機会を増やす必要があるだろう。パック詰めの魚では嗅覚と触覚による理解が伝わらないが、「魚触」の学習を実施することにより、触覚や嗅覚、視覚など感覚を駆使して、魚への理解を深めることができるだろう。

(2)「魚色」

　第2の「魚色」は、「魚嘱」の意味も含み、魚の色や嘱、つまり、魚の種類や栄養などの魚本来の情報に関する学習である。たとえば、写真2にみられるように、タイの種類に関する学習がある。魚には、青魚・赤身魚・白身魚など魚の色に独自の表現方法があり、また、様々な地形や海洋環境のもとで生息している多種の魚が漁獲されている。近年、健康食ブームもあって、魚には、有益な栄養素が大量に含まれていることがよく紹介される。こうした魚の種類や呼称、栄養など魚自体の理解を深める「魚色（嘱）」は、小学校教育課程の家庭科や理科、国語科が関連してくる。

　小学校の教育課程との関連からすると、まず、「魚色」は、日常生活のなかで魚を食べるのに必要となる基礎的な知識と技能を身につけるという家庭科の教科目標に連動する。家庭科の内容は、食品の栄養を知ることで、日常の食事に関心を持ち、食品を組み合わせて摂取して調和のとれた食事を摂れ

写真2　「魚色」の学習：タイの種類を知る

るように配慮している。栄養学や医学の分野で、魚の効能が証明されて魚への関心や注目は高まっている。魚には、生活習慣病の予防に役立つDHA（ドコサヘキサエン酸）やEPA（エイコサペンタエン酸）、さらに、現代人に不足しがちなカルシウムや鉄分などを豊富に含むことが栄養学的に明らかにされている。そして、その効能として、血栓の原因となる疾病が予防できること、脳の発育や視力の向上があることが医学的に確認されている。魚の栄養を幼少期から理解することは生涯にわたり魚を食べ続けていく上で意味があり、また、家庭で調理を担当している保護者にも同様のことが言える。

　それから、「魚色」は理科にも関連している。5年生の「生物と環境」の主題では、動物の発生や成長を調べることになっている。生命を尊重する態度や、生命の連続性に関する考え方を養うという目標で、魚を育てながら、体の形状や魚卵の変化、ふ化の様子を観察する。また、「地球と宇宙」では、天気の様子や変化を調べるが、これは漁業が天候に大きく左右されて自然のなかで成立していることの理解に役立っている。さらに、6年生では、環境

との関係で、生物体の構造と機能について人体を中心に調べるが、その際に魚の解剖や標本なども活用する。これは前述の「魚触」とも関連し、魚をさばく際に、単にその方法を説明し実践するだけではなく、魚体のつくりや機能を説明することにより、こうした学習はより効果的なものになる。

　さらに、国語科の学習内容とも、「魚色」は連動する点がある。たとえば、魚偏のつく漢字、魚に関する諺や格言、魚の地方名などである。小学校での魚偏のつく漢字の学習が限られるが、漢字の表記は魚名の由来や特性を理解するのに重要である。そして、「腐ってもタイ（鯛）」や「サバ（鯖）を読む」、「ウナギ（鰻）のぼり」のような諺や格言には、魚の形状や習性などが表されており、日常生活において魚を身近に感じることができる。また、魚名の呼称には、地方名があり、地域によって異なる。たとえば、愛媛県愛南町では、クロダイがチヌ、カタクチイワシはホウタレ、アナゴをレスケと呼ぶ。そのほか、ブリやスズキなどの出世魚には、成長過程によって異なった呼称もある。こうした魚の呼称に見られる相違は５・６年生の「共通語と方言」の学習にもつながる。

(3)「魚職」

　第３の「魚職」は魚の生産（漁獲）から加工、流通、それに販売といった職業の現場に関する学習である。その例として、地域の鮮魚店は魚の販売を担っているが、**写真３**では、地域にある鮮魚店主、すなわち、プロの包丁さばきで、地域で水揚げされたマグロを解体している。「魚職」は、どのように、魚が漁獲され、加工されて、流通して、私たちの食卓まで届くかを理解する内容である。つまり、「魚職」は、魚を取り扱う職業の現場を学習するもので、魚の生産現場により２つに区分でき、「魚職」を漁船漁業などの「とる漁業」、「魚殖」を後述する養殖業の「そだてる漁業」が想定できる。

　近年、輸入水産物が増大して、食卓へ新たに登場する魚が急増しているが、食の安心・安全の観点からも、漁場から家庭までの魚のプロセスを理解することは重要である。そして、環境や資源に配慮した循環型社会を考えていく

第 2 章 「ぎょしょく教育」とは何か？

写真3　「魚職」の学習：プロの包丁人・鮮魚店主がマグロを解体する

上で、自然との対峙のなかで存在する水産業の特性を把握することは不可欠である。

　小学校の教育課程との関連でみると、「魚職」は、日本の産業と国民生活の関連を理解し、産業の発展に関心を持たせるという5年生の社会科の教科目標と大きく連動する。ここでは、食料生産が国民の食生活に果たす役割、食料の外国輸入の現状、食料生産物の分布や土地利用の特色、食料生産の従事者の工夫や努力、生産地と消費地を結ぶ運輸などの項目が提示されている。日本の水産業に関する学習の配当時間は8時間で、愛媛県で多く採用されている教科書の場合、鹿児島県の事例をし、①カツオ漁業の方法、②近海カツオ漁業、③遠洋カツオ漁業、④水産業の変化の4単元が該当する。

　また、地域社会の学習を主題とする3・4年生では、地域の産業や消費生活の実態、地域生活の変化や地域の発展に貢献した人物などの学習内容がある。地域の生産や販売を見学して調べて、それらの仕事の特色、さらには、

他地域との関わりなどを学習する。水産業の場合、漁場、産地卸売市場や消費地卸売市場、地域の鮮魚店やスーパーマーケットの鮮魚売り場の様子がその対象になる。

(4)「魚殖」

　「魚殖」は、前述した「漁職」から派生したもので、「そだてる漁業」、つまり、養殖業の生産や流通に関する学習である。漁業生産のなかで養殖業が多くを占める愛媛県や広島県、長崎県などでこれが展開できる。

　小学校の教育課程との関連からすると、「魚殖」は５年生の社会科の内容に相当する。昨今、全国的に漁業生産における養殖業の占める位置は高くなっていることから、養殖業の社会的・経済的な重要度が増している。海面養殖業が盛んな愛媛県の場合、タイやハマチ、カンパチなどの漁業生産額が県漁業全体の約６割を占めており、「魚殖」の学習は不可欠である。前述した５年生の社会科の教科書においては、８単元のうちの後半部分の⑤鹿児島湾の養殖業、⑥マダイの栽培漁業、⑦カンパチやブリの流通、⑧まとめが充当されている。

(5)「魚飾」

　「魚飾」は、「飾り海老」や「祝い鯛」があるように、魚の文化に関する学習である。魚食民族とされる日本人は魚にまつわる伝統的な習俗や習慣を維持してきたが、それらを学ぶのが「魚飾」といえる。たとえば、郷土料理、年中行事や人生儀礼の伝統的な魚料理、地域の魚にまつわる食習慣、魚に関する民謡など芸能、漁に関する漁村の祭祀や社寺などがあげられる。また、そうした魚文化の理解にとどまらず、その継承も、「魚飾」は念頭に置いている。

　愛媛県の刊行した『愛媛の漁村郷土料理マップ』には、県内生産量が最大であるタイを用いた料理が数多く例示されている。タイ飯は愛媛県の代表的な郷土料理の一つであり、県内各地にある。それにも大きな地域差が見られ

る。タイを姿のまま米と一緒に炊き上げるものや、米とニンジンやゴボウ、キノコ類などの野菜と一緒に炊き込むもののほかに、漁師のまかない飯で「ひゅうがめし」とも呼ばれ、炊き立てのご飯に切り身のタイをのせてタレをかけて食べるものもある。写真4は、愛媛県愛南町の代表的な郷土料理を示したもので、皿鉢料理（当地では、刺身などの盛り合わせを意味する）、地元のカツオやタイの料理（カツオのたたき、タイ飯、タイ冷汁、タイのつみれ汁）である。また、カツオの水揚げや鰹節の製造が盛んな愛南町深浦地区では、「バラ（骨）抜き唄」という鰹節製造時の労働歌も歌い継がれている[5]。なお、「魚飾」は漁村地域に限らず、都市部のスーパーマーケットでも実感できる。たとえば、おせち料理に欠かせない食材も、エビには長寿の願いが、カズノコには子孫繁栄の意味があり、伝統的な魚の食文化の一面を示すものである。

写真4 「魚飾」の学習：郷土料理のメニュー（皿鉢料理、カツオのタタキ、タイ飯、冷汁、つみれ汁）

小学校の教育課程との関連でみると、「魚飾」は、3・4年生の地域社会の学習において、地域の人々の生活の変化、地域の生活向上に尽くした先人の働きや苦心といった内容に対応する。地域に残る民具や文化財、年中行事を調べ、古い時代の暮らしの様子を理解し、地域の生活の変化を把握することがあげられる。

(6)「魚食」

「魚食」は、従来から広く取り組まれている魚食普及も含み、魚本来の味を知る学習である。これは地元で水揚げされた魚を実際に調理して試食するものである。写真5では、小学校の体育館で郷土料理を試食している光景が

写真5　「魚食」の学習：体育館で郷土料理を試食する

示されている。

　現在では、水産加工食品や水産冷凍食品が増加し、コールドチェーンの拡充により水産物流通の高度化が進んだ。魚の鮮度保持に格段の改善がみられるものの、鮮度による魚の味の違いは存在する。魚嫌いの理由が鮮度落ちによる魚の生臭さの場合もあり、それが魚の摂取に大きな影響を生む可能性も強いと言えよう。したがって、鮮度の良い魚を食する体験は極めて重要である。

4．特徴と意図

　小学校の教育課程の学習指導要領を関連させながら、「ぎょしょく教育」の内容を略述し、その重要性を述べてきた。従来の「ぎょしょく」、つまり、魚食は魚の栄養や調理に関するものが多いことから、当然、家庭科の内容が相当する。しかし、「ぎょしょく教育」は、冒頭に述べたような背景や根拠から、魚に関する包括的な内容を持ち、家庭科はもちろん、社会科や理科、

国語科、総合的な学習など幅広い範囲に及んでいる。したがって、「ぎょしょく教育」は、内容的には各教科の密接な連携のもとで、子供たちの五感を通して、魚に関する全ての事柄を体系的で、かつ、立体的に理解させようとするものである。

注
1) 本稿は以下の文献をもとに書き改めたものである。
若林良和「特集 子どもを魚好きにするには 「ぎょしょく教育」のすすめ―その背景と必要性―」『学校給食』58、pp.26-33、2007
若林良和「「魚」をテーマに食育！ 学校・家庭・地域が盛り上がる「ぎょしょく教育」プログラムの授業実践」『食育活動』5、pp.60-67、2007
2) 阿部覚、若林良和、竹ノ内徳人「「ぎょしょく教育」の概念と意義〜水産業における食育の方途を求めて〜」『地域漁業研究』47（2）pp.197-212、2007
3) 阿部覚、若林良和、竹ノ内徳人・前掲論文、pp.197-212
4) 詳細は、以下の2つの文献を参照。
阿部覚、中安章、若林良和「学校給食における水産物利用の意義と課題―愛媛県を事例にして―」『地域漁業研究』45（2）、pp.1-18、2005
阿部覚、若林良和、竹ノ内徳人・前掲論文、pp.1-18
5) 詳細は若林良和「カツオの仕事唄」・「城辺骨抜き唄」、愛媛新聞メディアセンター編『伊予路に響く唄』、愛媛新聞社、p.80、pp.106-109、2005

（若林良和）

実践編

カツオに触れる

第3章　地域の魚を体感し理解する
―基盤プログラムの実践報告―

1．「ぎょしょく教育」発祥地としての愛南町

　前章に記した「ぎょしょく教育」プログラムを試行したフィールドは、愛媛県南宇和郡愛南町である。私たちの取り組みは当初から、愛南町（水産課産業振興室と教育委員会）の絶大な協力のもとで実施された。そして、「ぎょしょく教育」は地域の理解と協働を得て推進されてきた。そうした意味から、「まえがき」にも記したように、愛南町は「ぎょしょく教育」発祥地として位置付けられる。具体的なプログラムの内容に入る前に、愛南町の概要について産業を中心に略述しておく[1]。

(1) 地理

　愛南町は愛媛県の西南端に位置し、2004年10月に南宇和郡の旧5町村（内海村、御荘町、城辺町、一本松町、西海町）が合併して誕生した町である。合併後の新町名には、愛媛県の南に位置するという地理的な意味に加えて、「ここに住む人たちが町を愛し、地域や人を愛して、みんなが仲良く助け合って、元気な町になって欲しい」という願いが込められた。北は急峻な山岳で、東が高知県宿毛市に接し、南が黒潮の流れる太平洋、西が豊後水道に面する。海岸部はリアス式海岸による豊かな内海、黒潮が豪快に流れる外海に接し、足摺宇和海国立公園に指定されている。総人口は2.6万人（2005年）で、過去20年間、減少が止まらない。高齢化率も30％近くに達し、少子高齢化の進行は顕著である。

(2) 産業

　就業人口の6割が第3次産業であるが、第1次産業も約20％を占め、県内では高い比率を示している。農業は小規模零細農家が多く、65歳以上の農業就業者が5割を超える。水稲のほか、甘夏柑や河内晩柑が栽培され、文旦系の晩生柑である河内晩柑は日本一の生産量である。野菜はブロッコリーやソラマメのほか、トマトやキュウリ、ナスなどの促成栽培も行われている。畜産では「由良の媛っこ地鶏」の飼育が有名である。農業は高齢化と担い手不足により、耕作放棄地や遊休農地の増大などが課題となっている。

　漁業動向をみると、漁業経営体は県全体の約10％で、漁業就業者の高齢化も進んでいる。一本釣りや旋網、底曳き網など「とる漁業」の漁獲量は約3.2万トン（属人、2004年）で県全体の約36％を占める。だが、この漁獲量は1983年の6割程度にとどまり、過去10年間、3万トン台を推移している。カツオは「町の魚」に指定され、愛媛県で唯一の水揚げが行われており、年間水揚げ取扱量も高知県よりも多く四国最大である。太平洋に設置された黒潮牧場（浮き魚礁）で漁獲された日帰りのカツオが多い。そのほか漁獲されている魚種はアジやサバ、イワシ、イカなど多様である。タイやハマチ、カンパチなど「そだてる漁業」は、宇和海と黒潮で強い潮の出入りがある内湾の生簀で、徹底した品質管理のもとで行われている。その生産量は17,737トン（属人、2004年）で、過去20年間、1.6～1.9万トンと安定している。マダイは年々に増加し、県全体の3割近くを占めるが、ブリ類が激減した。ヒオウギ貝の生産量は日本一で、アワビやマガキ、イワガキなど貝類養殖も伸びている。真珠・真珠母貝養殖は、愛媛県が生産量日本一を誇り、宇和島市とともに内海湾などが県内の一大産地である。だが、2004年に真珠貝の疾病発生で激減した。

　宇和海の新鮮な魚を利用した蒲鉾や、小魚のうまみを生かしたジャコ天といった練り製品、熟練の技により逸品とされる丸干しイワシ、メジカ節などの水産加工業もみられる。こうした水産物は愛南町の特産品として「愛なんブランド」の確立に向けて貢献している。

2．2つの授業プログラム

　愛媛大学「ぎょしょく教育」研究推進プロジェクトチームが2005～2006年度の２年間、愛南町内の小学生を対象にした「ぎょしょく教育」プログラムの実践内容を紹介する。「ぎょしょく教育」プログラムは、①学校内で行う基盤プログラム、②校外学習を取り入れた展開プログラムと、２つのプログラムに大別される。本章で基盤プログラムを、そして、次章で展開プログラムを、それぞれ紹介する。

　基盤プログラムは、普通教室や家庭科室、理科室、多目的室、体育館、校庭などの学校内の施設を活用して行う。授業は講義～調理～試食の３部で構成される。四国一の水揚げを誇るカツオや、全国シェアの約15％を占める養殖マダイが主な題材となる。魚に関わるフードチェーン（生産～加工・流通～消費という一連の流れ）を意識して、「とる漁業」と「そだてる漁業」の授業を展開する。なお、これらの用語は、水産業について学ぶ小学校５年生の社会科でも用いられている。なお、私たちのプロジェクトチームは農水省の補助を受けて、実践的なマニュアルを作成し刊行した[2]。

3．授業概要

(1) 授業の展開

　「ぎょしょく教育」基盤プログラムにおける授業の展開を示したのが図１である。ここでは、授業の流れを６段階に分けて設定している。大まかには授業前に行う事前調査と当日の授業に分かれる。

　まず、事前調査では、地域で営まれている水産業を詳細に調査する必要がある。①「魚色」に関する調査として、その地域で水揚げされる魚の種類や魚の呼称があげられる。地域によっては、お魚マップやお魚旬カレンダーなどが、すでに作成されていることもあり、それらは有効なツールになる。ま

実践編

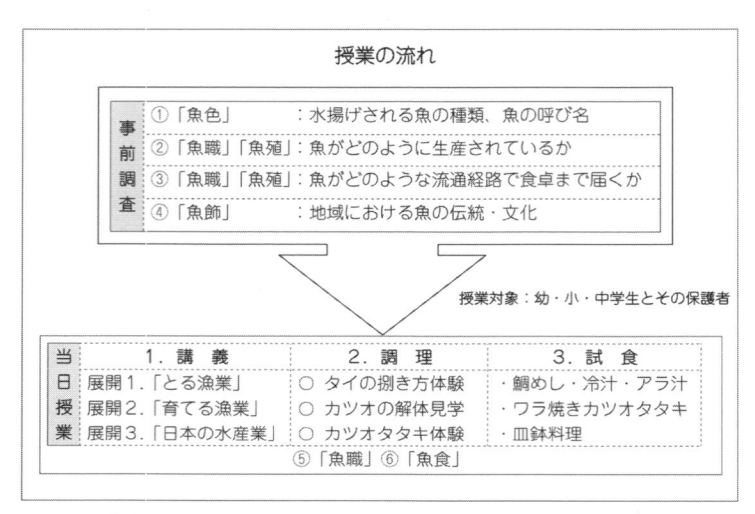

```
授業の流れ

事前調査
① 「魚色」       ：水揚げされる魚の種類、魚の呼び名
② 「魚職」「魚殖」：魚がどのように生産されているか
③ 「魚職」「魚殖」：魚がどのような流通経路で食卓まで届くか
④ 「魚飾」       ：地域における魚の伝統・文化

                                授業対象：幼・小・中学生とその保護者

当日授業
|   | 1．講　義          | 2．調　理         | 3．試　食              |
|---|-------------------|-------------------|------------------------|
| 展開1．| 「とる漁業」     | ○ タイの捌き方体験 | ・鯛めし・冷汁・アラ汁 |
| 展開2．| 「育てる漁業」   | ○ カツオの解体見学 | ・ワラ焼きカツオタタキ |
| 展開3．| 「日本の水産業」 | ○ カツオタタキ体験 | ・皿鉢料理             |
                ⑤ 「魚職」 ⑥ 「魚食」
```

図1　「ぎょしょく教育」プログラム授業の流れ

た、魚の呼称は、地域によって異なるため、その相違を念頭に置いても良い。②「魚職」や「魚殖」については、私たちの食する魚の生産（漁獲）方法や加工製造に関することがあげられる。地域漁業の実態調査（漁業者や養殖業の一日の作業内容。具体的には、漁場や漁船、漁具など）、水産加工業の実態調査（水産物の加工内容。具体的には、製造工程や製造道具など）を実施する必要がある。

　次に、私たちの食する魚の流通経路も調べる。卸売市場で取り扱われる魚の種類、仕事の内容、市場の役割、市場の一日などが考えられ、小売業では、量販店や鮮魚店で取り扱われている魚の種類やその形態（丸魚、切身、冷凍魚、刺身、塩干など）、仕事の内容、鮮魚店の一日などが想定できる。地域でとれる魚を理解することが目的であることから、事前調査が当日の授業内容に極めて重要であるのは言うまでもない。

　愛南漁協と愛南町水産課産業振興室の協力により、漁獲量のデータ、地域での魚の呼び名の相違、卸売市場（産地市場）における魚の流れ（漁港での水揚げ→選別→セリ→箱詰め→トラック積込み→配送等）の情報と画像が得

られた。また、魚の画像や卸売市場の仕事の画像は地元の写真家に提供してもらった。その写真家は、Web上で、愛媛県で水揚げされる魚や愛媛県の漁業・養殖業全般にメッセージを添えて画像や資料を提供している。このホームページは『知恵の輪』と呼ばれ、イントラバケットを活用して小学校や中学校の学習支援教材を提供している。したがって、事前調査では、地域で活動している方々と連携することで、より正確で詳細な情報を得られる。

「ぎょしょく教育」授業の対象者は、幼稚園児・児童とその保護者である。授業内容は①当日使用する魚の種類や特色に関する講義、②魚のさばき方など調理、③魚料理の試食である。①は、事前調査をもとにした座学で、生産→流通→消費（食）のフードチェーンを意識した講義である。そこでは、地域の魚に触れる機会を持つような工夫が効果的である。生魚と冷凍魚の食べ比べ、天然魚と養殖魚の違い、地魚との違いなどを考慮することが必要である。②は、地域で水揚げされた魚を使って、参加者自らが魚のさばき方を習得できるような実習を心掛ける。③は、地域で水揚げされた魚の味を知り、郷土料理を味わうもので、授業参加者全員が大きなテーブルを囲んで試食するのも良い機会だろう。

(2) 実践対象と授業スケジュール

基盤プログラムの授業は、愛南町内の山間部で農村地域に位置する小学校（4～6年生児童とその保護者の34名）、臨海部で漁村地域に位置する小学校（5～6年生児童とその保護者の53名）、中心部に位置する小学校（5年生児童とその保護者の66名）で行った。

授業は、「水産業のさかんな地域をたずねてみよう。愛南町で水揚げされる魚は何でしょうか」をテーマに、①地域で水揚げされる魚を理解すること、②魚をより身近なものとして興味・関心を持つこと、③地域を支える水産業に対する理解も深めることの3つを目標にした。

当日は3部構成で進行した。第1部の講義では、「とる漁業」と「育てる漁業」、「日本の水産業」について学ぶ。第2部の調理は愛南町で水揚げされ

実践編

表1　基盤プログラムの時程：講義

時刻	内容
8:00 ～	・最終打ち合わせ
9:00 ～ 9:05 9:05 ～ 9:10	《授業開始にあたって》 ・校長先生挨拶 ・漁協組合長挨拶 ・授業の趣旨説明
9:10 ～ 9:30 9:30 ～ 9:50 9:50 ～10:00	《「ぎょしょく教育」授業－講義》 《授業　展開1》「とる漁業」に関する授業 《授業　展開2》「育てる漁業」に関する授業 《授業　展開3》魚や水産業」に関する授業

た魚をさばく調理実習である。第3部の試食では、地域の魚を食べて、地域の魚の味について学ぶものである。

授業スケジュールは、表1のとおりであり、体育館で授業を実施した。というのも、児童と保護者が多数参加し、多くの魚を持ち込んで魚を触ってもらうために、広いスペースが必要だからである。授業時間は、午前9時10分から午前10時までの50分間で、ほぼ小学校の1時限分に相当する。ここでは、小学校5年生の社会科の学習内容と関連付けて行った。

4．講義

(1) 概要

講義の内容は3つに区分した。展開1は「地元で水揚げされる魚は何？」をテーマとし、「とる漁業」を中心とした「魚触」・「魚色」・「魚職」に関する内容である。展開2は「地元で養殖されている魚は何？」というテーマで、「そだてる漁業」を中心に「魚触」・「魚色」・「魚殖」の内容になっている。展開3は農林水産省発行の『ジュニア農林水産白書』や『いちばん身近な「食べもの」の話』を教材に、「日本の水産業」を取り上げ、「魚色」・「魚職」・「魚殖」を意識した内容である。

(2) 展開1：地元で水揚げされる魚は何？ ――「とる漁業」の学習

「あなたの好きな魚は何ですか？」という問いかけから講義は始まる。ほとんどの児童から「マグロ、カツオ、アジ、タイ、サケ」といった魚の名前が次々と出てくる。この質問から、児童の魚に対する関心や認識度を知ることができる。数多くの魚の名前が出てきたところで、「とる漁業」に対する理解を深める質問を続けた。表2に示したように、「地域のお魚水揚げランキングクイズ」、魚の名前と実際の魚の姿・形を合わせる「魚合わせクイズ」、さらには、白身魚・赤身魚・青魚に分ける「魚種類分けゲーム」、表3の「魚偏の付く漢字クイズ」を実施した。クイズ形式にすることで、写真1のように、児童との双方向の授業が可能になる。また、ゲーム形式も兼ねることで、児童の積極性も引き出しやすくなる。

表2 魚種別漁獲量（2004年） 単位：kg

順位	魚種名	数量
1	カツオ	2,787,033
2	サバ	2,782,368
3	マアジ	2,243,267
4	ウルメイワシ	864,580
5	マイワシ	664,475
6	ムロアジ	474,859
7	キハダマグロ	312,619
8	メジカ	237,569
9	カタクチイワシ	88,740
10	カマス	65,213

資料：愛南漁協（旧深浦漁協）

表3 魚偏のつく漢字クイズ

1．鰈	2．鰯	3．鰹
4．鰤	5．鱗	6．鯵・鰺
7．鯖	8．鮪	9．魳

実践編

写真1　講義の様子

写真2　講義での「魚触」

写真3　市場に横付けされたカツオ漁船

写真4　ベルトコンベアにのったカツオ

　そして、写真2のとおり、地域の深浦漁港で水揚げされた魚を愛南漁協に準備してもらい、その魚に直接、触れながら進めた。それらの魚は生魚のほか、1カ月前から愛南漁協に冷凍保存してもらった魚も使用している。

　ここでのポイントは、「とる漁業」で地域に水揚げされる魚への理解度はどの程度のものか、あるいは、魚の名前と姿・形が一致するかどうかである。そして、何より五感で魚を理解することである。実際に自分の手で魚に触れて、その色や感触、においを知ることで、感覚的に魚への興味や関心を深めることである。

　「魚職」については、表2の「お魚水揚げランキングクイズ」で水揚げ第1位であったカツオに焦点をしぼり、「漁港で水揚げされたカツオはどこへ行くのかな？」という質問をした後、事前調査による画像でカツオの流れを説明した。具体的には、①写真3の市場に横付けされたカツオ漁船、②写真4のカツオ漁船からベルトコンベアで水揚げされるカツオ、③写真5の市場

写真5　水揚げされたカツオ　　　写真6　セリの様子

にならべられたカツオ、④写真6のソロバンを使ったセリ、の順である。愛媛県で多く採択されている小学校5年生の社会科教科書には、鹿児島県枕崎市のカツオ漁業が紹介されており、それを学習することが多い。そのため、愛南町でも、地域のカツオの水揚げを学ぶ機会が少ないようだ。地域の事例を取り上げることで、カツオを身近に感じ、生活への密着感を感じる児童の多かったことが、印象的であった。また、卸売市場のセリでソロバンを用いていることや、カツオをキャリーごと測る機械に、児童は興味を示した。

　なお、山間部の小学校で授業を実施した日が偶然、旧5カ町村の合併1周年記念式典の日であった。それで、その記念式典で「町の魚」がカツオと定められた。それで、講義のなかで、そのことを「愛南町水産課ニュース」と題して披露した。

(3) 展開2：愛南町で養殖されている魚は何？──「育てる漁業」の学習

　展開2では、まず、地域で養殖されている魚を紹介することから始まる。愛南町では、マダイやブリ、ヒラメ、アジ、シマアジ、スズキ、フグ、ハギなど多くの魚が養殖されているが、取り上げる魚種はタイに絞った。というのも、マダイは2003年、愛媛県の県魚に指定され、愛南町の養殖マダイが全国シェアの約15％を占めて、地域に密着した魚であるためだ。マダイは「魚の王様」とされ、「○○タイ」と呼ばれる魚が日本には200種類以上に及ぶ。また、タイは、各地の貝塚でその骨も発見されており、『万葉集』や『日本書紀』にも登場する。したがって、タイは、歴史的にも日本人になじみのあ

49

表4 タイと名のつく魚と地方名（下段：愛南町での呼称）

マダイ	アマダイ	イシダイ	クロダイ
タイ	ピタ	コーロ	チヌ
マトウダイ	レンコダイ	イボダイ	キンメダイ
モンダイ	ベンコ	アマギ	メヒカリ
コショウダイ	コロダイ	タカノハダイ	チダイ
ノマ	コタイ	シカ	タイ

写真7 タイと名の付く魚たち

る魚であることから、格好の教材と考えた。

まず、「地元でとれる「タイ」と名のつく魚は？」という問題を出した。マダイの仲間や日本に輸入されているタイ、「県魚当てクイズ」、タイに関する「ことわざクイズ」を実施した。展開1と同様に、写真7にあるとおり、実際に町で養殖されている魚、地域でタイの名前が付いて水揚げされている魚を準備した。また、県魚にも指定され、全国一の生産量であるマダイについて、養殖物と天然物の相違も取り上げた。

「タイ」という名前のつく魚も、地域で水揚げされたものを用いて、それらに触れながら講義を進めた。魚の名前には、地域独自の呼称、つまり、地方名が多くみられることから、表4のとおり、一般的な名前との違いにも注目した。この授業では、「タイ」と名のつく魚のみ行ったが、表5に示したように、事前調査では、これ以外の多くの魚でも、相違のあることが明確になった。このことは「魚飾」にも関わる重要な点である。また、ブリやスズキ、ボラなどの出世魚の呼称にも、同様の相違が見られる。

次に、「次のうち、県魚はどれでしょうか？」という出題をした。その答えは6択（1. マグロ　2. アジ　3. カツオ　4. サバ　5. イワシ　6. マダイ）とした。その際に、ヒントとして、全漁連ホームページで紹介されている県魚の選定理由を簡約して出した。①県下全域で古くから漁獲され、

郷土料理も多く、県民になじみが深いこと、②新たな漁業として、全国に先駆けて取り組んできた養殖業を代表する魚であり、愛媛県の水産振興の方向性を示すものであること、③養殖、天然とも全国一の生産をあげ、本県を代表するのにふさわしい魚であること、④味、姿・形、色が良くて「魚の王様」、さらに、祝い事に利用されることから「めでたい魚」として、シンボル的に良いイメージがあること、の4点がヒントである。答えは6のマダイである。多くの児童は積極的に挙手し、誤答にアジやサバがあったものの、その半数が正解した。

(4) 展開3：日本水産業の概要

展開1と展開2では、地域の水産業や、地域に水揚げされる魚に対する関心や理解を深めた。その上で、展開3では、日本の水産業の概要を解説した。教材として、農水省発行の『ジュニア農林水産白書―「ぼくらの大地・森・海の恵み」』と、『いちばん身近な「食べもの」の話』を活用した。

『ジュニア農林水産白書』は図表

表5　魚にみられる呼称の違い

一般的な名前	地方名 （愛南町深浦地区）
マルソウダ	メジカ（目近）
ヒラソウダ	スマ
スマ	オボソ　モンタ
クロマグロ	ヨコ
キハダ	シビ　ピンタ　カリ
メバチ	ダルマ　イモ
ビンナガ	トンボ
ツムブリ	イダ　トカチン
カサゴ	ホゴ
アマダイ	ピタ
イシダイ	コーロ
クロダイ	チヌ
マトウダイ	モンダイ
レンコダイ	ベンコ
カンパチ	ネレ
カイワリ	メッキ
イボダイ	アマギ
ヒラマサ	ヒラソ
ブリ	ワカナ　ハマチ　ヤズ　ツバス
マルアジ	アオアジ
メジナ	クロ
シュモクザメ	ケセブカ
キンメダイ	メヒカリ（目光）
ヒメジ	ヒゲ
コショウダイ	ノマ
コロダイ	コタイ
フエフキ	ヘイマ
イラ	ミコ
タカノハダイ	シカ
アイゴ	アイハゲ
フサカサゴ	バラホゴ
ミノカサゴ	ヤマノカミ（山の神）
カナガシラ	カナンド
カワハギ	ハゲ
ウマヅラハギ	アオハゲ
ウスバハギ	シロハギ

やイラストが多く盛り込まれ、日本の農林水産業の動向を児童にわかりやすく図説している。主たる内容は①食卓に上がる魚介類、②日本の漁業、③漁業と自然のかかわり、④魚資源の動向の4点である。講義では、時間的な制限から、①と②を中心にした。①では、児童たちが食べている魚が、どこの国で獲れた魚であるかを話し合った。②では、漁業で働く人の数や、獲れる魚の数が、どのように変化しているのかを説明した。

『いちばん身近な「食べもの」の話』は食事の献立や買い物を例にして、親子の会話形式で、食生活と食物について解説している。講義では、ご飯と魚を中心にした朝ごはんや、夕食にレストランで食べたハンバーグといった身近な献立から、日本の食料自給率について解説した。

両方の教材は、教科書を踏まえて、第1次産業の概要やフードチェーン、漁業と自然の関係など重要な事項を平易に説明したものになっている。なお、これらの教材は農水省ホームページで全編ダウンロードでき、利用価値が高い。

5．調理

(1) 概要

講義に引き続き、教室を移動して調理が行われた。調理は「地元で水揚げされている魚をさばいてみよう」というテーマで、表6に示したとおり、3部構成である。具体的には、展開1はタイやアジのさばき方や調理実習、展開2が最大の水揚げを誇るカツオの解体実演、展開3は解体されたカツオのワラ焼きタタキ体験である。

(2) 展開1：アジやタイのさばき方実習

さばき方実習に用いた魚は、町中心部の小学校がアジ、山間部と臨海部の小学校がタイであった。タイは前述したように地域を代表する魚であり、アジも魚水揚げランキングの第3位でなじみのある魚である。

第3章 地域の魚を体感し理解する

表6　基盤プログラムの時程：調理・試食

時刻	5年生　授業展開	時刻	1年生・幼稚園児授業展開
10:00～10:15	教室移動	9:30～10:20	《1年生と幼稚園児のふれあい集会》
10:15～10:55	《魚の捌き方の実習1》 ・魚の捌き方実習・アジ ・タイの捌き方実演	10:20～10:35 10:35～11:25	教室移動 《「ぎょしょく教育」授業－講義》 ・魚に触れよう　魚の絵を描こう
10:55～11:00	解体実演準備	11:25～11:40	場所移動
11:00～11:20	《魚の捌き方の実習2》 ・大カツオの解体実演	11:40～11:50	調理－《魚の捌き方の実習1》 ・タイの捌き方実演　見　学
11:20～11:35	場所移動	11:50～11:55	解体実演準備
11:35～11:50	《魚の調理実習》 ・カツオタタキ実習	11:55～12:05	調理－《魚の捌き方の実習2》 ・大カツオの解体実演　見　学
11:50～12:00	場所移動	12:05～12:15	場所移動
12:00～12:15	《魚色学習》 ・お魚質問コーナー	12:15～12:30	調理－《魚の調理実習》 ・カツオタタキ実習
	《魚料理の試食会》	12:30～12:40	場所移動
12:30～12:40 12:40～13:30 13:30～13:40	・試食準備 ・魚料理の試食会 ・食器等の後片付け	12:30～12:40 12:40～13:30 13:30～13:40	・試食準備 ・魚料理の試食会 ・食器等の後片付け

　アジのさばき方実習は、児童が約50名と多いため、家庭科教室と理科室に場所を分けた。アジは当日、水揚げされて愛南漁協職員が小学校に配達してくれたもので、いわゆる、産地直送で最高の鮮度であった。1つの流し台を1グループとし、それは児童2～3名とその保護者で構成した。

　まず、児童と保護者に、衛生管理、刃物や鮮魚の取り扱いなどの注意事項が周知された。その後、愛南漁協女性部1～2名が各グループに加わり、調理の指導と補助をしてもらった。彼女らは、出刃包丁の持ち方、水洗い、ウロコのとり方、頭や内臓の取り除き方、さらに、三枚おろしで包丁の入れ方からその角度や動きまで実演をしながら、丁寧に指導した。また、児童たちの不十分な点を補助しながら迅速に指摘し、改善方法も的確に助言していた。

　マダイのさばき方実習の指導と補助は、愛南町生活研究協議会のメンバーに担当してもらった。この団体は町内で食生活の改善や郷土料理の伝承を目的とした料理教室などを開催している。マダイは愛南漁協を通じて、地域の養殖業者から提供されたものである。マダイの特徴が紹介された後、そのさ

実践編

写真8　マダイのウロコ取り

写真9　マダイのさばき方

ばき方の手順が説明された。そして、グループにわかれた児童は、写真8・9のように、調理指導と補助のもと、マダイのウロコ取りから三枚おろしまでを交替で体験した。なお、出刃包丁でタイをさばいたのは児童だが、その保護者にも同様に解説した。

　ウロコ取りでは、初めてウロコ取り器を手にした児童がほとんどであった。尾から頭に向けて器具を動かす必要があるのに、反対に動かしたために、全くウロコが取れず悪戦苦闘する児童もいた。ウロコが頭から尾に向って付いていることを理解した児童はその後、軽快に機器を操っていた。また、ウロコが魚の身を守っているというウロコの役割に感嘆する児童もいた。

　それから、マダイをさばくのに初めて出刃包丁を握った児童の表情には、当初、緊張感や不安感が表れていた。しかし、グループのなかで魚をさばける人がスムーズにさばいているのを見ると、不安感や恐怖心が薄らいで、真剣な面持ちでさばく児童が多かった。そして、負けん気や向上心が誘発され、背びれで手を刺して痛がりながらも挑む児童や、マダイのウロコの大きさや硬さに目を奪われながらも最後までがんばる児童がいた。

　なお、こうした調理実習と、タイ料理の試食準備が同時進行となったため、生活研究協議会のメンバーはタイ飯や冷汁、つみれ汁など郷土料理の調理方法も児童に説明した。そして、児童は、自らがさばいたマダイを使用して部分的に試食用の調理も体験することができた。

(3) 展開2：カツオの解体見学

　カツオを使用した実習は、その解体実演を見学することから始まる。これは「魚職」につながるもので、地域の鮮魚店で構成される愛南町魚食研究会の協力を得て実施した。解体見学はプロの魚のさばき方、包丁さばきを体感

第3章　地域の魚を体感し理解する

するもので、視覚的な効果が期待できる。今回、担当した鮮魚店主は、地域イベントなどで数多くの経験があり、この取り組みに対する理解も深かった。写真10のように直接、カツオの説明や鮮魚店での仕事、市場での仕入れなど「魚職」に関わる内容が話された。

写真10　カツオの説明

カツオの解体実演は、写真11のとおり、プロの包丁技術を間近で見られる絶好の機会であり、児童の関心も非常に高かった。児童は目を輝かせながら、自らが体験したアジの皮のひき方とカツオの皮のひき方の違いを聞くなど積極的に様々な質問をしていたのが印

写真11　カツオの解体

象的であった。また、保護者は後ろから児童と同様に目を凝らし、小学校の先生も積極的に参加していた。大型のカツオであったため、頭を胴体から切り離す際に大きな歓声が会場に響いた。それから、取り出されたカツオの心臓の形や大きさにも驚いていた。さらに解体が進んで、カツオの胃袋を取り出し、それを割いて胃の中の内容物が示された。消化されずに残っていたホウタレイワシや小型のアジは児童たちにもなじみがあったものの、これには、どよめきが起こり、手を出して、それらを触ろうとする児童もいた。こうした体験は、スーパーマーケットなどで切身や刺身を買うことが多い現状では稀有であり、教育的な効果は極めて高いと言える。

(4)　展開3：ワラ焼きカツオタタキの体験

展開2でさばいたカツオをワラ焼きタタキにするのが展開3である。会場は火を使用するために、屋外が最適である。写真12のように、当日は風が強く、火気の取り扱いに留意する必要があった。

解体されたカツオの切り身（つまり、節）を金網に載せてワラで焼いた。そして、出来上がったカツオの節を児童自らは柳刃包丁で切って皿に並べる

ことも体験した。なお、ここで使用したカツオタタキ専用金網は当プロジェクトチームのオリジナルである。写真13のように、児童は交替で金網を持って、ワラ焼きタタキをつくった。

写真12 ワラ焼きカツオタタキの実演1

参加人数の関係で、1人あたりの体験時間は1～2分程度と短かったが、児童は神妙な顔つきで体験していた。最近の生活では、屋外で火を焚くことも少なくなっており、貴重な機会であったようだ。

写真13 ワラ焼きカツオタタキの実演2

タタキに使用した稲ワラは、山間部の小学校では児童が学校農園で米づくり体験をして収穫したものであった。臨海部の小学校では山間部の小学校から、また、町中心部の場合では近隣の農家から提供されたものである。そして、郷土料理で使用した米や野菜も地域産である。こうした点から、小学校同士や地域との連携・協力、農業とのつながりを意識させる契機にもなった。

6．試食

「講義」から「調理」を経て、いよいよ最後の「試食」で、試食のテーマは「愛南町で水揚げされた魚を食べてみよう」である。試食では、講義や調理に登場したカツオとタイが中心となった。

写真14の試食メニューはマダイとカツオを使った郷土料理である。マダイの郷土料理は鯛飯（マダイを使った炊き込みご飯）、冷や汁（マダイのすり身を使った冷たい味噌汁をご飯にかけたもの）、つみれ汁（マダイのすり身を使った温かい汁）、刺身（皿鉢（大皿）に姿づくりを盛った郷土料理）である。カツオの郷土料理は、カツオの刺身とタタキ（児童がワラ焼きして皿鉢に盛ったもの）である。なお、刺身は、食品衛生上、カツオの解体実演

第3章　地域の魚を体感し理解する

をしてくれた町内の鮮魚店に、別途、注文した。

マダイの郷土料理である鯛飯は愛媛県でも様々な形態がある。1匹まるごと炊飯器に入れて炊き込んだものもあれば、切身にして炊き込むものもある。愛南町では、切身にしたタイやゴボウ、ニンジン、シメジなどキノコ類を一緒に炊き込んだものが主流である。それから、今回のつみれ汁はマダイであったが、一般家庭では、高価なマダイよりも、アジやグチがよく利用される。

写真14　試食メニュー

こうして「講義」から「調理」を経て、郷土料理を「試食」することで「魚飾」と「魚食」

写真15　試食の様子

の学習も含んだ「ぎょしょく教育」プログラムが完結したことになる。写真15のように、児童と保護者に加えて、関係者全員で座卓を囲んで皿鉢料理を取り分けながらの試食は、児童にとって、いつもの学校給食とは異なる雰囲気であったために、強く印象に残ったようだ。こうした「共食」の機会も、総合的な食育プログラムとしては重要である。

7．幼稚園児・小学校1年生の試行的な授業

「ぎょしょく教育」プログラムの対象は小学校5年生を中心に小学校高学年を想定して実施してきた。ただ、町中心部での小学校では、小学校と教育委員会からの要望で、幼稚園児と小学校1年生を対象にした幼小連携授業も実施した。当日のスケジュールは、前掲した表6のとおりである。この授業も、「講義」～「調理」～「試食」の3部構成である。幼小連携を前提とするため、幼稚園児と小学校1年生のふれあい集会から始まった。これは幼稚園と小学校の先生が担当した。

幼稚園児と1年生が仲良くなったところで、多目的ホールへ移動して、「講

義」は開始された。「講義」では、「魚触」に重点を置き、カツオやアジ、タイ、サバ、カマスなど地域で水揚げされた様々な魚を並べた。並べると同時に、1年生や幼稚園児が魚を取り囲み、今にも手を出しそうな勢いであった。幼稚園児と1年生は、魚の名前と姿・形を学んだ後、実際に手にとって魚の形を確かめたり、感触や臭いを感じたりしていた。そして、気に入った魚を机へ持って行き、その絵を描いた。これは年齢に関係なくでき、図画工作との連携も図れる。

次に、「調理」では、調理の危険性と時間的な制約を考慮して、愛南漁協女性部と地域の鮮魚店によるタイとカツオのさばき方の実演見学のみとした。そして、ワラ焼きカツオタタキ実演も、5年生と同様に学んだ。

最後に、「試食」は5年生と同様のメニューで、みんなで一緒に体育館で行った。

上述した3つの段階を通して、幼稚園児と1年生の反応は、5年生に比べて、どの場面においても、ストレートで敏鋭であった。そして、この授業が、私たちにとって幼少期における体感・体験学習の重要性を改めて痛感する機会となったのは言うまでもない。

注
1）詳細は次の拙稿を参照。
若林良和「愛媛県南予地域における地域動向と地域漁業の特性―愛南町を事例とした地誌的な把握―」『地域創成研究年報』2、pp.88-97、2007
2）私たちのプロジェクトチームは、「平成18年度農林水産省民間における食育活動促進支援事業」の助成を得て、以下のマニュアルを刊行し配付している。
愛媛大学「ぎょしょく教育」研究推進プロジェクトチーム『ぎょしょく教育実践マニュアル』、p.25、2007

（若林良和、阿部　覚）

第4章　地域の魚に関する生産と流通を理解し考察する
―展開プログラムの実践報告―

1．プログラムのポイント

　本章では、校外学習を取り入れた展開プログラムの実施内容を紹介する[1]。その対象は、前章で紹介した基盤プログラムの授業を受講した山間部と臨海部の小学生である。

　展開プログラムでは、消費者と生産者・流通業者をつなぐために、以下の2点に重点を置く。第1点は生産や流通の現場を学ぶが、具体的には、次の3段階で調べる。第1段階は、日常的に買い物をする魚屋さんやスーパーマーケット、産地直売所に出向いて、どんな魚が売られているかについて調べる。第2段階として、フードチェーン（生産～加工・流通～消費）のうち、流通の段階である卸売市場での現場を理解するために、水揚げの様子や市場でのセリの様子を調べる。第3段階は、生産の様子や漁を行う際の工夫や努力について、魚の生産現場を実感する。この点は、教科書の事例と対比させながら、地元の水産業の特徴についてまとめる。第2点は具体的な人物を通して学ぶことである。前述した生産や流通の現場で体感させるために、実際に現場で仕事に従事する人々に対するインタビューを行う。

2．授業概要

　展開プログラムは2006年7～8月に3回（3つの小単元）にわけて実施した。

第1回の小単元1は小学校5年生の社会科の授業「わたしたちの生活と食料生産」が終了するのにあわせて、1学期後半の7月上旬に各校で実施した。

第2回である小単元2は7月下旬の夏休み期間中に、山間部と臨海部の2校合同で1日をかけて校外に出向いて学習をした。

第3回の小単元3は、山間部の小学生が臨海部の小学校を訪れて、2校合同として各班に分かれて半日をかけて校外学習で調べた内容のまとめをした。

3．小単元1：「魚売場はどうなっているの？」

(1) 事前準備

授業の実施前に、予め、児童に対して課題を出しておいた。その課題は、当日の授業までに家族と一緒に買い物へ行き、スーパーマーケットや魚屋さん、産地直売所などで売られている魚の種類や産地、売り方を調べるものである。本プロジェクトチームは、**表1**の調べ用紙と、**表2**のチェックシートをセットにして小学校へ事前に送付した。児童に配布する際、各小学校から保護者宛にも児童への協力を依頼した。また、スーパーマーケットや魚屋さんに対して、町水産課から事前の調査協力を求め、店舗内での調べ学習を了解してもらっておいた。

(2) 授業実施

この授業は本プロジェクトチームが担当した。授業時間は45分であり、**写真1**のように、児童が調べてきた内容をもとに、黒板に鮮魚売場を再現してみた。

まず、「しらべ1」では、魚の販売種類に関することである。こちらで、魚の写真36枚（たとえば図1のとおり、カツオ、マダイ、クロマグロ、タチウオ、シイラ、コウイカ）を事前に用意して、調べてきた魚の名前を児童に答えてもらい、黒板に張っていく。準備した写真は愛南町で水揚げされた魚だけだったので、水揚げのないサケやタラやカニなどは名前のみ記入した

第4章　地域の魚に関する生産と流通を理解し考察する

表1　小単元1の展開例

〔展開例 小単元1〕「魚屋さん，スーパーマーケットの売場はどうなってるの？」（2時間）

魚屋さん、スーパーマーケットでしらべてみよう！

皆さんは、5年生の社会科で「水産業」について学習しましたね。かつお漁の方法、養しょく業、さいばい漁業のこと、それから、水揚げされた魚が、どのようにして私たちのところまで届けられるかについて学んだと思います。では、みなさんが住んでいる愛南町では、どうでしょうか？　魚屋さん、スーパーマーケットに行って、しらべてみましょう！！

〈しらべてみよう！〉

【しらべること1．どんな魚がいるかな？】〈チェックシートに記入してみよう！〉
　（どんな魚が売られているか、みてみよう！　□にレをつけてね！）
　　〈　チェックシート以外の魚がいたら、下に書いておこう！　〉

【しらべること2．愛媛県産の魚、いるかな？】〈チェックシートに記入してみよう！〉
〈しらべること1〉の魚は、どこでとれた魚かな？

【しらべること3．　どんなふうに売られているかな？】〈チェックシートに記入してみよう！〉
〈しらべてみよう1〉の魚は、丸ごと・切り身・短冊(たんざく)・刺身(さしみ)・寿司(すし)・冷凍(れいとう)・塩づけ・乾燥(かんそう)・練りもの(ねりもの)・魚卵(さかなのたまご)どれかな？

【丸ごと】　【切りみ】　【たんざく】　【さしみ】　【すし】

【れいとう】　【塩づけ】　【かんそう】　【かんそう・ほす】【さかなのたまご】
《　しらべてみて、気がついたことや感じたこと、質問はありましたか？　自由に書いておこう！》

＿＿
＿＿

〈愛媛大学農学部水産社会研究室〉

資料：『ぎょしょく教育　実践マニュアル』p13

実践編

表2　小単元1の展開例（チェックシート）

【チェックシート】

魚屋さん、スーパーマーケットでしらべてみよう！

しらべ1.どんな魚？	しらべ2.どこでとれた魚？	しらべ3.どんなふうに売られている？
□まぐろ		
□ぶり		
□いかなご		
□かじき		
□ひらめ		
□ふぐ		
□かつお		
□かれい		
□さけ		
□すずき		
□あなご		
□たら		
□まいわし		
□たちうお		
□うなぎ		
□うるめいわし		
□まだい		
□きす		
□かたくちいわし		
□いさき		
□さんま		
□まあじ		
□さわら		
□さば		

〈愛媛大学農学部水産社会研究室〉

〈愛媛大学農学部水産社会研究室〉

資料：『ぎょしょく教育　実践マニュアル』p14

第 4 章　地域の魚に関する生産と流通を理解し考察する

写真 1　鮮魚売場について考える

ものであった。なお、その写真は、前述した『知恵の輪』ホームページ上にお魚図鑑として公開されているもので、撮影者の了解を得て使用した。

　次の「しらべ 2」は、「しらべ 1」で並べられた魚を産地別に分けていくものである。産地は愛南町産（深浦産）、愛媛県産、国内産（都道府県名）、外国産の 4 種類に分ける。児童の答えの中には、愛南町を流れる僧都川で獲れたウナギもあった。

　最後に、「しらべ 3」は、魚の販売形態に関することである。具体的には、魚の 1 匹丸ごと、切身、刺身、冷凍、干物などであり、児童はその多様性に気づいた。

　以上のことから、実際に魚屋さんやスーパーマーケットの鮮魚売場で買い物をすることで、身近な生活上の問題を確認できた。

実践編

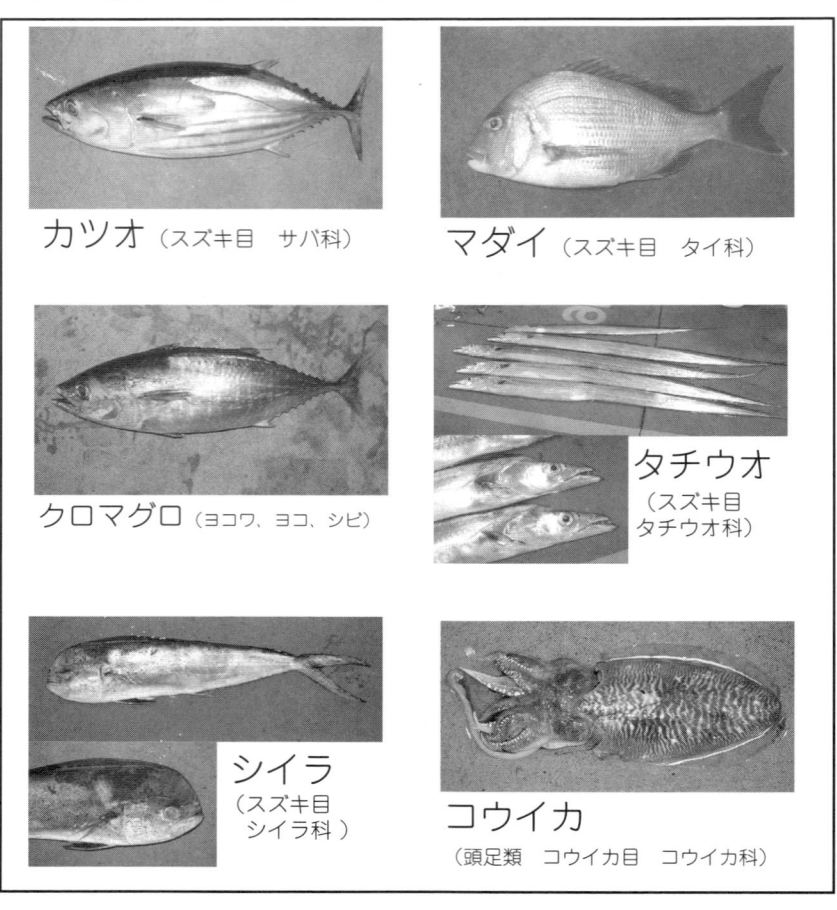

図1　授業で用いた魚の写真　　　　　　　　　　　　　撮影：中田　親

4．小単元2：「魚屋さん・市場・漁協でしらべてみよう」

　この小単元が校外学習を取り入れており、展開プログラムの中心部分である。全体の進行・運営は本プロジェクトチームが担当した。当日の授業は「講義」～「試食」～「現地調査とまとめ」の3部構成で進行した。授業の流れは表3に示したとおりである。実際に町の魚屋さんと漁協（卸売市場）を訪

64

第4章 地域の魚に関する生産と流通を理解し考察する

表3 小単元2の展開例

〔展開例 小単元2〕「実際に，魚売場はどうなっているのだろうか？ 確かめよう」（3時間）

魚屋さん・市場（漁協）でしらべてみよう！

1「魚屋さん，スーパーマーケットの売場はどうなってるの？」 〔小単元1参照〕

! 魚屋さんやスーパーマーケット鮮魚売場に行き，そこで売られている魚の種類・産地・売り方について調べる。（チェックシートに記入する）

1．どんな魚がいるかな？ 2．愛媛県産の魚，いるかな？ 3．どんなふうに売られているかな？
〈しらべてみて，気がついたことや感じたこと，質問はありましたか？自由に書こう〉

" 私たちが住んでいる愛南町で水揚げされた魚は売られているかな？
（チェックシート）に記入してきたことを基にして，実際に魚売場を作ってみよう。
・どんな魚を並べるか？・どこでとれた魚を並べるか？・どんなふうな売り方をするのか？
・店員さんの仕事についても考えよう。

2「魚売場はどうなっているのだろうか？ たしかめよう」 〔小単元2参照〕
「魚の仕入先（愛南漁協）をたずねて，しらべてみよう」
「記者になって，取材をしよう」「カメラマンになろう」

! 小単元1 で気がついたことや疑問点について，実際に魚屋さん(松岡鮮魚店さん)を訪ねて，
そこで働いている人々に話を聞いてみよう。
・1日の仕事内容 ・魚の仕入先 ・魚を売るうえでの工夫や努力 ・魚を売るうえでの苦労

" 「魚の仕入先（愛南漁協）」を訪ねて，卸売市場の様子や役割について，しらべてみよう。
・魚の水揚げの様子 ・魚選別の様子 ・セリの様子 ・魚をトラックに積込む様子
・市場での仕事内容や役割 ・セリを行う時の工夫や努力 ・仕事での生きがいや苦労

デジタルカメラで撮った画像を整理して，市場や売場での流れについてまとめてみよう。
市場や売場でインタビューしたことを整理して，仕事のこと・工夫・苦労をまとめてみよう。

3「愛南町の魚の流通について，情報の発信をしてみよう」－「放送局の人に学ぼう」 〔小単元3参照〕
取材の方法，カメラ撮影の際のポイント，聞き取り（インタビュー）のポイントについて学ぼう。

目標
愛南町の魚の流通について，他の町内小学校のみんなに向けて発表すると同時に，
町外の人に対しても愛南町について理解してもらうようにする。

資料：『ぎょしょく教育 実践マニュアル』p15 〈愛媛大学農学部水産社会研究室〉

ねて、小単元1で気付いた点や疑問点を、そこで働いている人々に質問した。

(1)「放送局のアナウンサーやカメラマンに学ぼう」

授業開始の説明後、講義が開始された。7月上旬に実施した小単元1のおさらいをしてから、午後からの現地調査・取材に備えるために、地元の放送局職員（NHKのアナウンサーとカメラマン）を講師として招いた。表4の

実践編

表4　展開プログラムの時程（放送局の人に学ぼう編）

時刻	内容
	《授業開始にあたって》
9:00～ 9:05	◆校長先生挨拶
9:05～ 9:10	◆授業の趣旨説明
9:10～ 9:15	◆メンバー紹介
	《「ぎょしょく教育」授業》
9:15～ 9:30	《授業　展開1》「前回授業のおさらい」
9:30～10:00	《授業　展開2》 ◆「放送局の人に学ぼう1－カメラマン」
10:00～10:10	休憩及び準備
10:10～10:50	《授業　展開3》 ◆「放送局の人に学ぼう2－アナウンサー」

写真2　カメラマンによる授業

写真3　アナウンサーによる授業

ようなスケジュールにしたがい、その内容は放送と日常生活の関係や情報発信の意義に関する話があった。

その後、カメラマンが取材の方法やカメラ撮影のポイントを指導した。写真2のとおり、カメラマンはニュース映像等に用いる実際のカメラで撮影した画像を、教室内のテレビモニター画面に表示して、カメラの動かし方や写り具合を解説した。リアルに視覚に訴えられ、児童は驚きと納得をしていた。

写真3は児童がアナウンサーからインタビューのポイントを指導してもらっている様子である。今回、児童の取材対象となる漁協職員さんや魚屋さんにみたてて、児童は具体的な質問の仕方を学習した。

第4章　地域の魚に関する生産と流通を理解し考察する

(2)「漁協の市場食堂で地元の魚を食べよう」

ここでは、「魚飾」と「魚食」の学習を中心に行うことになる。表5のスケジュールのように、児童は、講義を行った臨海部の小学校から愛南漁協へ移動した。この移動の目的は、まず、昼食をとることである。愛南漁協には市場食堂が併設されており、水揚げされたカツオやマグロの刺身が食べられる。一般にも開放されており、新鮮なカツオの刺身を食べにくる人もいる。この食堂の協力で、水揚げされた魚を用いたメニューを提供してもらった。写真4は、その時の昼食メニューであり、右下が生カツオの刺身、右上がアジの南蛮漬け、左上がキビナゴの唐揚げに、ご飯とみそ汁である。

写真5のように、愛南漁協職員がメニューで使用されているカツオやアジ、キビナゴの説明をした後、合掌しながら「いただきます」と声をあわせて、昼食開始である。南蛮漬けのアジ

写真4　昼食メニュー

写真5　昼食の説明

写真6　取材用質問メモ

表5　展開プログラムの時程（昼食編）

10:50〜11:00	場所移動
11:10〜12:00	《昼食》
11:15〜12:00	◆昼食内容の説明（魚について）昼食 　・カツオ刺身・アジの南蛮漬け 　・キビナゴのからあげ・ご飯・みそ汁
12:00〜12:45	《授業　展開4》 ◆「記者になる準備をしよう」 ・取材内容の検討 ・役割分担（撮影、聞き手、書記）

を頭から頬張りかじる児童、「キビナゴのあげたやつがおいしかった」と喜ぶ児童、「カツオの刺身がプリプリしていておいしかった、もっと食べたい」とおかわりをする児童もいた。

参加者みんなで楽しく昼食をとった後、3つの班に分かれて、**写真6**のとおり、魚屋さんや愛南漁協職員に対するインタビュー項目の検討と、聞き手、カメラマン・書記といった役割分担について話し合った。

(3)「魚屋さんに聞いてみよう」

ここでは、「魚色」と「魚職」の学習が相当する。午後から、**表6**のように、町の魚屋さんでの現地調査である。今回、協力いただいた魚屋さんは、基盤プログラムにおいてカツオ解体実演でプロの包丁さばきを披露してくれ、児童にとって面識のある人物である。児童は、店の奥にある作業場で、1日の仕事内容、魚の仕入先、魚を売るうえでの工夫や努力、苦労について話を聞いた。**写真7**は、売場や調理場で説明を受けながら、店先に移動してインタビュー項目にしたがって各班が取材している風景である。取材インタビューのなかで、児童から様々な質問が出たが、「魚が売れずに残ったら、どうするのか？」という質問があった。これに対して、魚屋さんは「ええ質問だね」と前置きして、「それが一番大事なんよ、魚屋

写真7　鮮魚店での取材

表6　展開プログラムの時程（魚屋さん編）

12:45〜13:00	場所移動
13:10〜13:20	《授業　展開5》 ◆「実際に、魚売場はどうなっているのだろうか？　確かめよう」 小単元2
13:20〜14:00	◆「記者になって、取材をしよう」 ・1日の仕事内容・魚の仕入先 ・魚を売るうえでの工夫や努力 ・魚を売るうえでの苦労

さんは。絶対に捨てない。捨てたら、それだけ赤字になるから」と丁寧に答えた。このようなやりとりは、以前の鮮魚店での買い物では、ごく一般的であり、まさに、販売者と客の間における「顔の見える関係」の一端を示すものである。

(4)「漁協の人に聞いてみよう」

ここでは、「魚触」と「魚色」、「魚職」の学習が中心になった。次に、児童が向かったのは、表7のとおり、魚屋さんの魚の仕入先である愛南漁協（卸売市場）である。愛南漁協では、通常、1日に午前6時からと午後3時30分の2回、セリが行われる。今回は午後3時30分のセリを取材した。残念ながら、当日は基盤プログラムで紹介したカツオの水揚げの様子が取材できなかった。この時に水揚げされた魚は天然マダイや小ダイ、アマダイであった。児童は市場に並べられた魚のそばで、魚の種類や大きさ、数量、特色について調べた。

場内放送と鐘の音を合図に、セリが始まる。児童は、漁協職員の案内のも

表7　展開プログラムの時程（地元漁協（卸売市場）編）

時間	内容
14:00～14:30	場所移動　休憩
14:30～15:00	《授業　展開6》 ◆取材内容の整理　◆セリ取材準備
15:10～15:40	《授業　展開7》 ◆「魚の仕入先（愛南漁協）を訪ねて」
15:40～16:00	◆「記者になって，取材をしよう」 ・魚の水揚げの様子　・魚選別の様子 ・セリの様子　・魚をトラックに積込む様子 ・市場での仕事内容や役割 ・セリを行う時の工夫や努力 ・仕事での生きがいや苦労
16:00～16:25	《授業　展開8》 ◆取材内容の整理・まとめ
16:25～16:30	《授業終了にあたって》 ◆授業終了の挨拶

実践編

写真8 漁協（卸売市場）での取材

写真9 取材まとめの様子

と、魚の選別やセリの様子、魚の箱詰やトラックに積込む様子を熱心にビデオカメラやデジタルカメラで記録をした。セリでは、基盤プログラムで学習した、そろばんを用いるところが間近で見られた。セリの後に、写真8のように、セリ人や仲買人に対しても、直接、インタビューが行われた。児童は取材を通して、「魚が自分たちの食卓に届くまでに、どうになっているのかが、わかった」、あるいは、「初めてセリを見て、値段がすぐに決まるのが、すごかった」といった感想があった。取材を通して、愛南漁協職員や仲買人など、その場で働いている人たちと直接、交流することで、魚の生産と流通を実感し、理解が深まったようだ。取材の終了後、漁協施設の2階を借用して、写真9のように、児童は各班で取材の整理をして解散した。

5．小単元3：「情報の発信を行おう」

　この授業は8月上旬に臨海部の小学校において2校合同で実施した。時間は午前9時から午後12時までの約3時間である。

　児童は、各班に分かれて、小単元2で取材した内容を整理して、大きい模造紙にまとめた。各校の先生に、予め、取材した時の画像を印刷してもらった。これを利用することで、児童は取材内容を思い出せると同時に、まとめがスムーズに行えた。この画像と取材メモなどを手がかりに、情報発信のストーリーを考え、デジカメ画像の取捨選択と加工、仕事の工夫や苦労話について、模造紙2～3枚にまとめた。その後、各班が持ち時間10分で、その内容を発表した。これで、一連の展開プログラムは終了した。

ただ、時間制約が大きかったことから、児童に十分な整理の時間を確保することができず、時間内に完了できなかった班もあった。それで、急遽、小学校と協議して、別途、まとめをする時間を捻出してもらった。というのも、現場を知って体験する重要性とともに、それを着実にまとめて自己確認することが大きな意味を持つからである。

　児童がまとめたものは各小学校や愛南漁協で掲示され、学校関係者や漁協職員から好評を博した。

注
1) 前章で示したマニュアルにも、展開プログラムの具体的な取り組み内容がまとめられている。詳細は以下のとおりである。
　　愛媛大学「ぎょしょく教育」研究推進プロジェクトチーム『ぎょしょく教育実践マニュアル』、pp.10-15、2007

（阿部　覚、若林良和）

実践編

第5章 「ぎょしょく教育」への関心を高めて広める
―普及に向けたツール開発の軌跡―

１．ツール開発の目的

　前述のように「ぎょしょく教育」を実践していくなかで、私たちは「ぎょしょく教育」の更なる普及と進展のためにツール開発を試行した。新たな取り組みは具体的に次の３つである。

　第１に、「ぎょしょく教育」のコンテンツ自体の質的な拡充を目指した教材の開発である。地域の行政機関と連携して整理した地域の水産業の現状や動向を、児童とその保護者に伝達する教材ツールが発行された。それが『スーパーマーケットへ行こう!! GO！GO！お魚編』である。この小冊子は、愛媛大学農学部海域社会科学研究室の監修で愛媛農政事務所が発行したもので、両者の協働による成果である。これは後述する２つのツール開発のさきがけとなった。

　第２に、「ぎょしょく教育」の実践に必要な地域社会の協働体制を構築するためのマニュアルづくりである。地域に根ざした水産版食育「ぎょしょく教育」に関して、その考え方と実践方法を具体的にわかりやすく解説した冊子が『ぎょしょく教育　実践マニュアル』である。これは「ぎょしょく教育」促進の本格的なツール開発の一つに位置付けられる。

　第３に、児童に対して、地域の魚や水産業、郷土料理への理解をより一層、深めるためのツールの開発である。「ぎょしょく教育」の内容を児童たちの目線に立ったツールとして、カードゲーム『ぎょショック』が製作された。これは、現在の子供の嗜好に配慮し、児童が楽しみながら地域の魚や水産業

のことを学べ、バランスの良い食生活を理解できるように配慮したものである。

これらのうち、第2と第3のツールは農林水産省「平成18年度民間における食育活動促進支援事業」に採択されて開発された[1]。

なお、これらのツール開発は、当然、食育基本計画に示された6つの基本施策（①家庭における食育の推進、②学校、保育所等における食育の推進、③地域における食生活の改善のための取組の推進、④生産者と消費者との交流の促進、⑤環境と調和のとれた農林漁業の活性化等、⑥食品の安全性、栄養その他の食生活に関する調査、研究、情報の提供及び国際交流の推進）を念頭に置いている。

2．『スーパーマーケットへ行こう!! GO！GO！お魚編』の作成

(1) ねらい

愛媛農政事務所は、地域の農業や農産物に対する理解を深めてもらうために、小学校5～6年生を対象にした小冊子『スーパーマーケットへ行こう!! Go！Go！』を刊行してきた。その第1弾として「野菜編」が、第2弾に「果物編」が、それぞれ愛媛農政事務所によって作成された。これらは、多くの消費者がスーパーマーケットで野菜や果物を購入していることに着目し、その売場から発信されている各種のメッセージを解説した小冊子である。この小冊子の特徴は、児童がスーパーマーケットでの買い物や総合学習の見学などの際に活用しやすいように編集されていることである。なお、大人を対象にした解説資料も添付されている。

農産物の2編が好評であったことから、愛媛農政事務所は水産物に関する同様の冊子も発行したいと考えた。それで、「ぎょしょく教育」を実践していた愛媛大学農学部海域社会科学研究室に専門的なアドバイスが求められた。その結果、協働化を図り、愛媛大学の企画・監修で愛媛農政事務所により発

実践編

写真1 『スーパーマーケットへ行こう!! Go！Go！お魚編』（表紙）

行したものが、写真1のとおり、シリーズ第3弾の『スーパーマーケットへ行こう!!　GO！GO！お魚編』である。

(2) 内容

　この小冊子は、児童編（8ページ相当）と、おとなのための解説編（4ページ相当）の2編・総12ページで構成されている。前者が写真やカラーイラスト、図表を多く取り入れて平易な解説をしたもので、後者は児童編の内容を中心に水産物と食生活の問題を詳述したものである。

　児童編では、「どんな魚がいるかな？」、「いるかな？愛媛県産の魚」、「家に帰ってラベルを見てみよう」と3つの主題を中心に、スーパーマーケットで日常的に売られている魚の種類や保存方法、魚の旬、愛媛県産の魚、愛媛県の漁船漁業と養殖業、県外産や外国産の魚などの説明がある。小冊子が書き込み式になっているために、児童は空欄に記入しながら、魚のことを幅広く学べるようになっている。そのほか、売り場の陳列方法や、自給率、コラム（日本人と魚）、クイズなどで構成される。

　写真2は「いるかな？愛媛県産の魚」（4ページ）である。愛媛県は燧灘、伊予灘、宇和海の3海域に区分され、各海域の漁獲量ベスト3の魚種が提示されており、海域の特徴によって水揚げされる魚種の相違が明確に把握できる。また、愛媛県で盛んな養殖魚の記述もある。次のページでは、水産業の盛んな愛媛県でさえも、主要魚種で県外産や外国産の多いことが数量的にも理解できる。また、写真3はスーパー売り場の陳列方法（7ページ）を示したものである。円形の中心部分には、上から、生魚、切身（三枚卸し）、短冊、にぎり寿司・刺身魚と、魚の捌く手順が示され、売場でそれらの陳列方法が把握できるようにしてある。

　おとなのための解説編は、児童編の根拠となるデータを紹介し詳述するこ

第5章 「ぎょしょく教育」への関心を高めて広める

写真2 『スーパーマーケットへ行こう!! Go！Go！お魚編』（児童編「いるかな？ 愛媛県産の魚」）

写真3 『スーパーマーケットへ行こう!! Go！Go！お魚編』（児童編「売り場の陳列」）

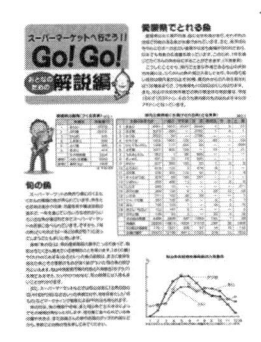

写真4 『スーパーマーケットへ行こう!! Go！Go！お魚編』（おとなのための解説編「旬の魚」・「愛媛県でとれる魚」）

とが原則である。たとえば、児童編「いるかな？愛媛県産の魚」の根拠データの詳細は写真4のとおりで、愛媛県内の主要6漁港における魚種別水揚げ高をもとに解説している。そのほか、旬の魚や痛みやすい魚、コールドチェーン、自給率、魚売り場の表示、水産加工のバリエーション、魚の栄養、魚の上手な買い方、食中毒など、家庭での食生活に役立つ知識が掲載された。

なお、この小冊子は、児童とその保護者から豊富な写真と理解しやすい文章だと好評で増刷された。

3．『ぎょしょく教育 実践マニュアル』の刊行

(1) ねらいと制作工程

『ぎょしょく教育 実践マニュアル』は、写真5のように、「ぎょしょく教育」の概念とその授業プログラムの手順や内容を平易に説明した冊子で、総28ページ（本文20ページ、資料編8ページ）である。このマニュアル作成には、2つの目的がある。第1に、私たちと地域の関係者との連携・協力による「ぎょしょく教育」の実践を丹念に記録すること、第2に、他地域で同

実践編

写真5 『ぎょしょく教育 実践マニュアル』（表紙）

様の取り組みに着手する際のガイド的な役割を持ち、その参考資料として活用できることである。

『ぎょしょく教育 実践マニュアル』の制作は、私たちのプロジェクトチームが担当した。まず、私たちは、これまで実施してきた「ぎょしょく教育」の準備と実践について、私たちの手元にある資料の整理を進めた。次に、地域の教育・水産・行政などの関係者に対するヒアリングやワークショップを開催し、地域における「ぎょしょく教育」の推進体制づくりの課題への対応などを取りまとめた。さらに、私たちは、他地域の関係者や異分野の専門家にもヒアリングを行って協議し、最後に、一連の情報を文章化や図表化し、写真など画像を処理して、マニュアル冊子として完成させた。

(2) 内容とその効果

『ぎょしょく教育 実践マニュアル』は、本文と資料編で構成される。他地域でも水産版食育の活動を実践しようとする場合、その授業プログラムをできるだけ、わかりやすく、かつ、参考になることを意図して、図表や写真が多用された。

本文の構成は①「ぎょしょく教育」の流れ、②「ぎょしょく教育」の定義・内容、③授業計画案、④実践（基盤プログラム、展開プログラム）、⑤「ぎょしょく教育」と地域の連携・協働、⑥配慮事項、⑦「ぎょしょく教育」ツールと食事バランスガイドの7項目である。具体的には、事前調査の項目リスト、授業案（講義授業案、調理・試食授業案）、授業当日の時程表と役割分担表、チェックシートなどが示されている。それに、授業風景の画像、授業実施の配慮事項（保菌検査や保険加入の必要性）も付記された。

資料編では、前述した『スーパーマーケットへ行こう!! GO！GO！お魚編』と、地元のアマチュア写真家である中田親氏の制作した『愛南町お魚

図鑑』の写真20点（愛南町の主要魚類）が、それぞれの了解を得て転載された。

『ぎょしょく教育　実践マニュアル』は1,000部作成し、愛媛県内の教育、水産、行政関係者をはじめ、研修会（全国漁業協同組合連合会・全国漁協女性部連絡協議会主催の全国研究集会：福島県、京都府、徳島県）や講演会（石川県、三重県、宮崎県、大阪府など）で配布された。この冊子も、好評のうちに初版がなくなったために増刷した。

これは、授業プログラムの参加者約200名だけでなく、地域の協力者のほか、一般住民を含め幅広い分野で、「ぎょしょく教育」の重要性、さらには、食育全般の必要性に対する理解と支援を得る契機となり、地域への波及効果をもたらした。そして、他地域での取り組みや応用が容易となり、今後、モデル的な事例として他地域への波及も期待される。

4．カードゲーム『ぎょショック』の制作と実践

(1) ねらい

「ぎょしょく教育」プログラム実施当初のアンケート結果では、愛媛県屈指の水産業の盛んな愛南町でさえも、児童たちに「魚離れ」の傾向がみられ、彼らが地域で水揚げされる魚を十分に理解していない上に、それらを食べる機会も限られていることが判明した[2]。それで、私たちは実践当初から、児童が親しみを持って水産に関する食育を学習できるツールの必要性を感じていた。

他方、授業プログラムそのものは、時間や空間など様々な制約のなかで実施されている。そこで、児童たちが学校以外の場、たとえば、家庭などで、自由な時間に、日常の遊びのなかで、地域の魚や海に関する食育を総合的に楽しみながら学べるツールが必要だと考え、私たちはカードゲームを開発したのである。

これまでに日本各地で食育のために各種のカルタやカードが作成されてい

るが、食育のツールとして、私たちは近年、子どもたちの間で流行している対戦型のカードゲーム形式を取り入れることにした。ルールが少し複雑になるものの、児童たちは飽きることなく面白く遊び、地域の水産物の詳しい知識を身につけ、水産業を取り巻く状況も総合的に理解できると、私たちは考えたのである。こうした対戦型カードゲーム形式の食育ツールの先行事例には、畜産物を対象とした『バトルカチック』（社団法人中央畜産会による制作）がある。私たちはそれを参考にするために、その作成担当者にヒアリングを行った。また、水産物を対象としたカルタの先行事例には、グッドデザイン賞受賞の「鱓あわせ」（鱓工房による企画・制作）があり、各地のローカルな水産物を素材として取り上げ、デザイン的にも美しいカードである。こうした事例から、私たちはカードづくりに大きな刺激を受けた。

　先行事例の分析をもとに、地域の水産物を対象とし、魚に対する基礎的な知識や調理法、水産業を取り巻く諸問題まで含めた対戦型カードゲームというコンセプトが再確立され、「ぎょしょく教育」ツールのカードゲームは開発された。また、このカードゲームには、心身ともに健康で豊かな食生活をおくることができるように、1日に何をどれだけ食べたらよいかが一目でわかる「食事バランスガイド」も含んでいる。そこでは、地域の水産物や農産物を使用した代表的な郷土料理が理解できるように配慮した。

　このようなカードは、地域の水産物などの利用が進んで地場産比率や食料自給率の向上に寄与し、また、脂質取りすぎの防止や良質たんぱく質の摂取など健康増進につながる。したがって、このカードゲームは、健康的な食生活における魚の重要性にとどまらず、地域水産業の振興など「ぎょしょく」全体への理解が深まる可能性が高いのである。

(2)「ぎょショック」開発学生委員会と作業プロセス

　カードゲーム「ぎょショック」の原案づくりは、愛媛大学法文学部の濱田修次くんや安岡恭三くんら学生有志で組織された「ぎょショック」開発学生委員会が担当した[3]。カードゲームの企画と制作には約6カ月が費やされた。

第5章 「ぎょしょく教育」への関心を高めて広める

　委員会メンバーの学生は、「食」に対する問題意識が高く、「ぎょしょく教育」プログラムのアシスタントとして参加して児童と接する経験を有する者が多かった。したがって、メンバーはカードゲームで遊ぶ児童の状況や反応を想定しながら、原案づくりを進めた。

写真6　町内鮮魚店での魚の写真撮影

　カードの内容に必要な情報の収集と提供は、以下の手順で委員会メンバーが分担して進めた。まず、地域の水産物や漁獲量などの基礎的なデータは、愛南町出身のメンバーが中心になって、愛南漁業協同組合や愛南町水産課から収集した。そして、メンバー全員は文献や資料をもとに議論して、カードに盛り込む魚種を選定し、それに関わる掲載情報を決定した。次に、魚に関わる郷土料理の情報は、地域で料理教室などの普及活動を行っている愛南漁協女性部や愛南町生活研究協議会から提供を受けた。それから、食事バランスガイド活用のために、それらの栄養情報の提供とそのチェックは学外の管理栄養士に依頼した。また、愛南町で実際に水揚げされた魚介類の写真は、写真6のように、メンバーが現地に赴いて、愛南町ぎょしょく普及推進協議会や水産加工業者、鮮魚小売店から提供を受けた素材を撮影したものである。それで、撮影期間中に水揚げのなかった魚介類は、愛南町役場や地域のアマチュア写真家などから画像の提供を受けた。

　カードの製作工程では、委員会メンバーが、ルールづくりと同時並行で、パソコン画像ソフトを用いて処理した。カード構成や文字の配置といった基本的な構図、写真やイラスト・下絵の挿入などのデザイン作業を進めた。ただ、一部のイラストのデジタル化や版下作成などの印刷工程は外部に委託した。

　このように、カードゲーム「ぎょショック」は、私たちのプロジェクトチームのもとで、本学の学部学生で構成された開発学生委員会と地域の関係者の協業により制作され、2007年2月に完成したのである。

(3) ゲームの概要とカードの種類

1）カードゲームの概要

　カードゲーム「ぎょショック」は、魚カード（16枚）と技カード（20枚）を組み合わせて点数を競い、勝敗を決める対戦型のカードゲームである。想定した対象年齢は、カードの組み合わせで点数を増減する計算（二桁の加減法）が必要であることから、小学校3年生以上とした。

　通常、このゲームは4人までのプレイヤーで行う。遊び方は原則として、1人4枚ずつ魚カードを手元に持ち、技カードを取り札として1人1枚ずつ引いていき、魚カードと技カードの組み合わせで点数を決めて勝負するものである。16枚の魚カードには、1種類ずつ地域の魚介類を取り上げ、持ち点数、その基本的な特徴や適切な料理方法、旬の季節などの知識が盛り込まれている。技カードは料理カード（6枚）、守りカード（5枚）、ショックカード（5枚）、ハプニングカード（4枚）の4種類である。技カードにはそれぞれ±の得点や「ハプニング」の指示が記されており、プレイヤーは、引いた技カードの得点を反映し、その指示に従わなくてはならない。取り札が無くなるまで何回かのラウンドを繰り返し、最終的には手持ちの魚カードの点数と料理カードの点数を合計して順位を競うのが基本的な遊び方である。なお、こうした遊び方を説明した解説シートも添付されている。

2）魚カード

　魚カードには、愛南町で水揚げされる代表的な魚介類16種（①モイカ、②ビタ・コズナ、③イサギ、④イワガキ、⑤イセエビ、⑥ホータレ、⑦カツオ、⑧マダコ、⑨ビンタ、⑩キビナゴ、⑪ゴマサバ、⑫ハリメ、⑬ブリ、⑭ヒオウギガイ、⑮マアジ、⑯タイ。地方名でも表記）の写真とその特徴などが記されている。たとえば、**写真7**は愛南町の「町の魚」である「⑦カツオ」のカードである。カードの上部に番号と魚介類の名前が、その下に四季で旬の時期がそれぞれ示され、⑦のカードの場合は春と秋となる。カードの中央に魚介類の写真と説明、その左端に魚の料理方法が記載され、カードの下部に

第 5 章 「ぎょしょく教育」への関心を高めて広める

写真7 『ぎょショック』
(魚カード⑦カツオ)

写真8 『ぎょショック』
(魚カード⑨ビンタ)

写真9 『ぎょショック』
(料理カード「生」)

は魚介類ごとの点数が設けられている。この点数が魚カードの得点で、これがゲームの基礎となる。なお、写真8の⑨のカードの場合、地方名の「ビンタ」と、一般名の「キハダマグロ（黄肌鮪）」が併記されており、地方名の理解が深まるようになっている。

3) 技カード

技カードには、料理カードや守りカード、ショックカード、ハプニングカードの4種類があるが、それらを簡単に説明する。

まず、料理カードでは写真9が「生」のカードである。カードの上部には、魚料理の代表的な調理方法が記されている。料理カードには「生」や「焼く」、「煮る」、「揚げる」、「干す」、「飯」の6種類があり、その下にそれぞれの料理法の代表的なメニューの写真が載せられている。カードの下部には、各料理方法の特徴やよく使用される魚介類の説明がある。カードの右側には、○囲いの数字が記載されており、この数字は魚カードの上部の番号を示す。この番号の魚カードと料理カードを組み合わせると、料理カードの下部にある点数が加算される仕組みである。たとえば、刺身など「生」で食べることのできる魚介類（①モイカ、⑦カツオなど）と組み合わせると、その魚カードの持ち点に2点を加算できる。逆に、「生」で食べることのあまりない魚介

81

実践編

写真10 『ぎょショック』（守りカード「ぎょしょく教育」）
写真11 『ぎょショック』（守りカード「愛南ギョレンジャー」）
写真12 『ぎょショック』（守りカード「シーボーンアート」）

類（⑪ゴマサバ、⑫ハリメ、⑭ヒオウギガイ）は、料理カード「生」の数字のなかに魚カード番号がなく、その点数は加算されない。つまり、料理方法が実際にその魚に適用できるかどうかという組み合わせで、点数加算の可否が決まるのである。それで、カードゲームをやりながら、実際の魚介類の料理法が自然に学べるようになっている。

次に、守りカードをみると、写真10が「ぎょしょく教育」のカードである。守りカードとしては、そのほかに、「DHA＆EPA」や「食事バランスガイド」、「愛南ギョレンジャー」、「シーボーンアート」の４種類があり、その下に写真やイラスト、用語説明が加えられている。守りカードは、どんな魚カードとも組み合わせることができ、カードの下部にある点数が加算される。守りカードは、食事や栄養面だけではなく、地域づくりに関する活動など、魚や水産業に対してなんらかのプラスになる要素を含んでいる。たとえば、写真11の「愛南ギョレンジャー」は地域の水産業を守るローカルヒーローで、地域活性化のためのキャラクターである。写真12の「シーボーンアート」は海岸に打ち上げられた漂流物や貝殻を使った芸術作品のことで、海の環境保全活動につながるものである。

それから、ショックカードとしては、写真13の「地球温暖化」のカード

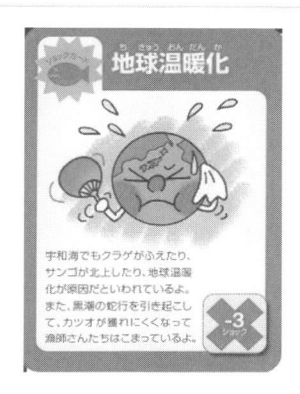

第5章 「ぎょしょく教育」への関心を高めて広める

写真13 『ぎょショック』（ショックカード「地球温暖化」）

写真14 『ぎょショック』（ハプニングカード「朝食抜き」）

がある。ショックカードは、「魚離れ」や「漁獲量減少」、「輸入量拡大」、「赤潮」など、魚や水産業に対して悪影響やマイナスを与える要素である。これは、そのカードを引いた人以外のプレイヤー全員にショックを与え、他のプレイヤーからカードの下部にある点数分が減点される。

最後に、写真14はハプニングカードの「朝食抜き」である。ハプニングカードには「津波」や「密漁」、「めしどろぼう」があり、カードの最下段には各プレイヤーに対する指示が記されている。このカードは、点数には関係しないが、ゲームにハプニングが起こることになる。たとえば、「朝食抜き」では、このカードを引いたプレイヤーは、自分の料理カードを1枚捨てなければならないことになっている。

(4) カードゲームの実施と効果

カードゲーム『ぎょショック』は500組を作成し、2007年2月に愛南町内の小学生をはじめ地域の関係者らに配布した。そして、愛南町立城辺小学校では、5年生52名に対して、学生委員会のメンバーがカードゲームの内容とル

写真15 愛南町城辺小学校でのデモンストレーション

実践編

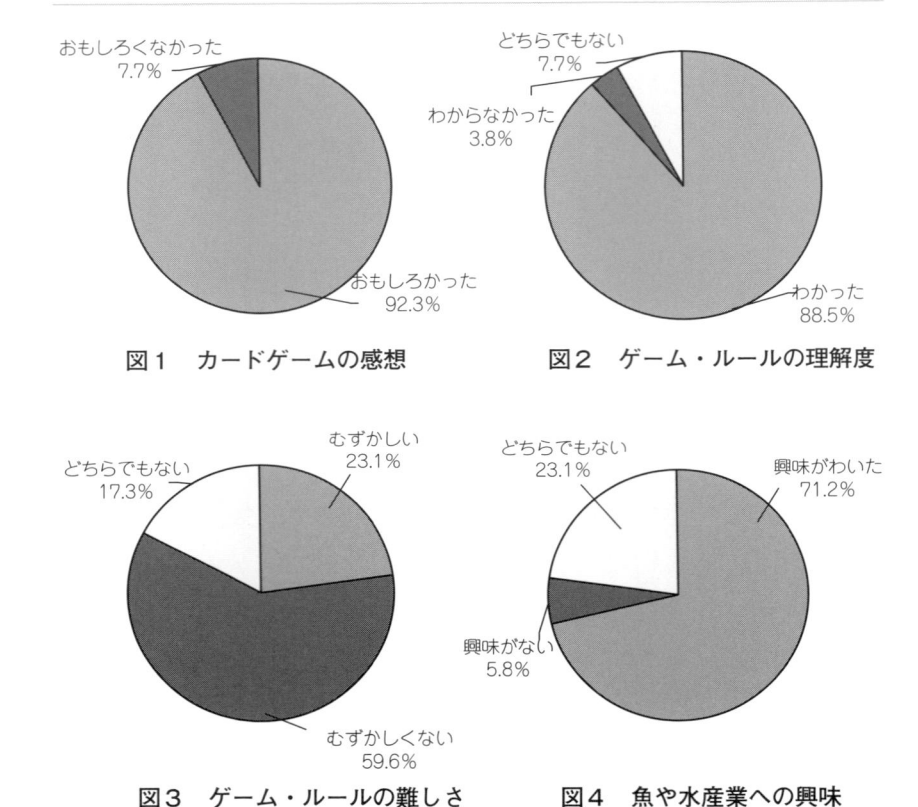

図1　カードゲームの感想
- おもしろかった 92.3%
- おもしろくなかった 7.7%

図2　ゲーム・ルールの理解度
- わかった 88.5%
- どちらでもない 7.7%
- わからなかった 3.8%

図3　ゲーム・ルールの難しさ
- むずかしくない 59.6%
- むずかしい 23.1%
- どちらでもない 17.3%

図4　魚や水産業への興味
- 興味がわいた 71.2%
- どちらでもない 23.1%
- 興味がない 5.8%

ールを説明した後、写真15のように、デモンストレーションを実施した。併せて、食事バランスガイドの説明と啓発活動が行われ、児童は実際にカードゲームを試用した。その際に、カードゲームの感想と食事バランスガイドに対する認知・理解度を把握するための簡単なアンケートを、児童を対象に実施した。

　その結果をみると、おおむね良好な評価が得られた。カードゲームの感想は、図1に示したとおり、「おもしろかった」が約9割を占めた。ゲームのルールの理解度も、図2のように、「わかった」が9割近くに達し、短時間で多くの児童が理解していたことがわかる。それに、ゲームのルールの難し

さは、図3のとおり、「むずかしくない」が約6割であった。したがって、カードの種類が多く、ルールも複雑な対戦型のカードゲームであるものの、短時間に理解できた児童が多く、ゲームの難易度は適切な水準だったといえよう。そして、ゲームによる魚や水産業への興味は図4のように、「興味がわいた」が7割を超えることから、当初の目標を達成したものと考えられる。

5．ツール開発の成果

「ぎょしょく教育」に関わる3種類のツール開発の軌跡を述べてきたが、これらのツールは、私たちのプロジェクトチームや本学の学生と、地域の組織や住民の協働による所産といえるだろう。『ぎょしょく教育　実践マニュアル』は「ぎょしょく教育」のアウトラインが把握でき、また、他地域での実践が可能となる。『スーパーマーケットへ行こう!! GO！GO！お魚編』やカードゲーム『ぎョショック』は、魚や水産業を楽しみながら効率よく学べるツールと位置付けられる。特に、後者は、学校教育の場にとどまらず、家庭や子ども同士の遊びの場で楽しく食育に触れる機会を増やせるとともに、地域の魚や水産業の理解促進につながるツールとして大きな可能性を持っている。これらのツールは地域に根ざした水産版食育の実践活動の推進に大きく貢献したと考えられるだろう。

注
1) 平成18年度農林水産省「民間における食育活動促進支援事業」として採択概要は以下のとおりである。
    採択団体：国立大学法人愛媛大学
    実施場所：愛媛県愛南町、松山市
    事業名称：「ぎょしょく教育」ツール開発と地域社会協働のマニュアル作成
2) こうした現状の詳細については、以下の文献を参照のこと。
    若林良和・阿部覚「「ぎょしょく教育」プログラム開発に関する研究―地域特性に根ざしたプログラムの検討：愛媛県を事例として―」『2006食育実証研究発表会報告集』地域に根ざした食育推進協議会、(社)農文協、pp.20-22、2006。

3）カードゲーム「ぎょショック」の規格は以下のとおりである。
　　製作：愛媛大学「ぎょしょく教育」研究推進プロジェクトチーム（代表者：若林良和）
　　企画・原案：愛媛大学「ぎょショック」開発学生委員会
　　協力：愛南町ぎょしょく普及推進協議会、愛南漁業協同組合、愛南町
　　写真：中田親、濱田修次、中野伸一（愛媛大学農学部）、愛南町役場
　　編集協力：㈱群羊社
　　デザイン：鳥越明子
　　イラスト：パーミースタジオ、仲里泰子、八塚美幸
　　愛南町料理SV値計算：ヘルスプランニング・ムナカタ

（若林良和、阿部　覚、野崎賢也）

第6章 「ぎょしょく教育」の実践で地域社会の協働関係（ネットワーク）を編み直す
―まちづくりの主題としての食育の力―

1．「ぎょしょく教育」と地域社会

　「食」は、栄養や健康、そして嗜好にかかわる個人の（私的な）領域の営みである。しかし同時に、食べものの生産から実際に食べられるまでの過程には、多様な立場の多くの人が関わっていることから、「食」はきわめて社会的な営みであるとも言える。言いかえれば、「食」は、個人と社会とをつないでいるものであり、また、食べものが作られる地域や自然環境と個人をつないでいるものでもある。

　この「食」のつながりは、現代社会ではとても見えにくく、意識しにくいものになっている。農業や漁業の現場から遠く離れた大都市では、そのつながりが見えにくいのはしかたのないことだろうが、身近に生産現場がある農山漁村においても、地域のなかでの「食」を介したつながりの存在感が薄れているのが昨今の現実である。

　われわれが「ぎょしょく教育」を実践してきた主なフィールドの愛媛県愛南町は、水産業がさかんな地域であり、町内には水産業に関係するさまざまな立場の個人や組織が存在している。しかし、こうした地域でさえも、地元の水産物を介した人と人のつながりは見えにくく、意識しにくいものになっていた。食べ物を介したつながりが存在しないのではなく、つながりがあるのに見えにくい、意識しにくい。これは現代日本の地域社会の一面の事実だが、また同時に、人と人との結びつきは、いまだ細かい網目で地域にはりめぐらされており、いったん陽があたればその網目が鮮やかに浮かび上がるだ

けの密度もかろうじて保っている。

　われわれ愛媛大学の研究チームが「ぎょしょく教育」というコンセプトを掲げて地域のなかで人の縁をたどり、協力をお願いし、準備を整え実践を展開していく過程は、この地域の人々の間にはりめぐらされた網目に気づき、その結び目を確認していく作業だったと言えるだろう。愛南町という地域に広がる網は、大きく破れた箇所がなく、ほつれ直しもほとんど必要なかった。地域外からその中に入り込んだわれわれは、手繰れば広がる網の目を確かめてその一端に連なっただけである。「ぎょしょく教育」の準備と実践の過程で、われわれ自身が地域の網目の確かさに気づいて感嘆したのだが、同じように地域の人々も、その網目の存在と価値にあらためて気づき、地域のつながりを再確認したようだ。

　われわれ研究チームが愛南町という地域に「ぎょしょく教育」のコンセプトを持ち込み、実践を働きかけたことは、研究者の用語でいえば「介入」である。「ぎょしょく教育」による地域への「介入」は、地域の人々がそのつながりを再確認し、地域に広がる網の本来の価値を再発見するきっかけになったのではないだろうか。きっかけさえあれば、地域の食を介した人のつながり＝網の目は、文字通りネットワークとして働き始める。しかし、その網が機能するには多くの関係者が同じ目標に向かって連携・協力してチームワークを発揮しなければならない。

　本稿では、「ぎょしょく教育」の準備から実践に至るまでの過程を、地域に「介入」して、地域の人々とともにその実現のために協力しあった研究者として、地域の人々の社会的な関係に光をあてて整理してみたい。

２．地域の関係者へのアプローチ

(1)「ぎょしょく教育」実践準備の過程

　愛媛大学「ぎょしょく教育」研究推進プロジェクトチームのメンバーは、愛南町での実践を目指して2005年夏から本格的に地域へのアプローチを開

始した。それ以前に、農学部海域社会科学研究室（若林・竹ノ内・阿部ら）は、愛南町で開催されていた「かつおフェア」など地域イベントに対する調査研究などを通じて、町水産課や漁協と交流があった。われわれは、ここを出発点として、「ぎょしょく教育」の素材となる地域資源の洗い出しを始めたのだが、それは同時に地域の様々な関係者にアプローチし理解者や協力者を得ていく過程でもあった。

　まず、「ぎょしょく教育」の素材となる地域の水産業について、町内で最大の漁港であり、四国内でも有数の水揚げを誇る深浦港と、その市場を運営する愛南漁業協同組合の組合長および職員からは、さまざまな知識・情報や素材となる水産物を提供してもらった。また、町水産課職員も熱意を持って、旧町村の枠を超えて町内の水産業に関する多様な情報を収集し、関係者を紹介してくれた。

　次に、「ぎょしょく教育」の実践の現場である学校へのアプローチについては、前出の町水産課職員の仲介により、初年度に小学校2校を紹介してもらった。2校とも比較的小規模の小学校で、一方は山間部に位置しており、他方は臨海部に位置していた。それぞれ、教職員の食育への関心が高く、とても積極的に協力してもらうことができた。両校と周辺の地域社会との連携も緊密で、PTAはもちろんそれ以外の地域住民からの協力も得ることができた。

　後から振り返ると、初年度にこの2校で「ぎょしょく教育」（基盤プログラム）を実施できたことは、実践活動の発展にとって重要なポイントだったといえる。というのは、地域外からアプローチしたわれわれ研究チームにとって、愛南町という地域の状況を総合的に理解する上で、山間部と臨海部というそれぞれ個性の異なる地域の2校の組み合わせが最適だったからである。それは、後にも述べるがさまざまな意味で、幸運な選択だった。

　実施校が決定した後、漁業の生産以外の分野として、水産物の流通に関わる商業（第三次産業）関係者にも早い段階からアプローチすることができた。魚市場の仲買人であり鮮魚店を営むMさんをはじめ、水産物の移動販売に携

実践編

表1　「ぎょしょく教育」に関する地域の関係者・協力者

水産	漁業・市場	漁業協同組合、漁業者・養殖業者（法人・個人）
	水産加工業	
	流通・小売	仲買人・鮮魚店、飲食店
行政	町役場（水産課など）	
教育	町教育委員会、各小学校、PTA	
地域住民	住民団体（生活研究協議会・魚食研究会）、学校周辺在住の個人	

わる若手鮮魚商など、地元の水産物を取り扱い、地元の消費者と日々接している流通小売業者との接点ができ、「ぎょしょく教育」への協力を快諾してもらうことができた。

(2) 地域の様々な分野の関係者から協力を得る

こうして、2005年の夏から秋にかけて、われわれ研究チームは愛南町に何度も足を運び、行政（役場）と漁協を出発点に、水産業の関係者や教育関係者へと接点を広げ、「ぎょしょく教育」への協力を依頼し、地域の支援体制を固めていく。

われわれからアプローチし、「ぎょしょく教育」に関係することになる地域の各分野の個人・団体を表にまとめると以下のようになる。

この表に入ってない存在として、地域外のわれわれ大学関係者や県や国などの行政機関、県レベルの漁業団体などがある。

こうして、2005年夏から秋にかけて、愛南町という地域の各分野の関係者にアプローチしていく過程で、われわれが気づいたのが、地域社会に広がる人と人とのつながり＝網目の存在であった。地元の人々にとっては、特に意識するほどのことではないのだろうが、それぞれの関係者が「地域の生活者」として、水産や教育といった職業上の区分を超えた地域社会のさまざまなつながりのなかで暮らしている。例えば、小学校の教員は学校内部だけでなく、地域の暮らしに関わる多様な人間関係を築いており、教育という分野を大きくはみ出すパーソナルな関係を持っている。そのおかげで、PTAの

第6章 「ぎょしょく教育」の実践で地域社会の協働関係を編み直す

協力はもちろんのこと、それ以外の地域住民の協力も得ることができた。このように学校や行政と地域社会が、個人を介してすでに良好な関係を取り結んでいることは、「ぎょしょく教育」の準備をすすめるための強固な土台となった。そして、実践を重ねるごとに、地域の協力関係がさらに豊かになっていった。

3.「ぎょしょく教育」実践から生まれた協働（チームワーク）

(1) 小規模校（山間部）での実践：初めての実践が成功する

2005年10月に、愛南町内の山間地に立地する小規模の小学校（全校児童54名）で、「ぎょしょく教育」基盤プログラムを実施した。これ以前に、われわれは何度か小学校に足を運び、施設の確認や教員との打ち合わせを行っていたが、児童たちとはこの日に初めて顔をあわせた。

当日は保護者も参加しており、一部の保護者にはPTAの代表として当日の調理や運営をサポートしてもらった。PTAに「ぎょしょく教育」実践に協力してもらうことについては、早い段階で教員から依頼してもらい、了承を得ることができていた。そのため、事前の打ち合わせにもPTAの担当者に参加してもらい、顔合わせと同時に「ぎょしょく教育」のコンセプトの説明を実施することができた。こうして、保護者も単に見学するだけでなく、当日の運営に関わってもらう「ぎょしょく教育」の基本形が自然な流れで固まった。初めての事例で、スムースに保護者の協力が得られたのは、われわれにとって大きな幸運だったと言えるだろう。

当日実施した基盤プログラムの詳細については本書の第3章を参照してもらうとして、ここでは当日の運営サイドの協力関係を中心に補足しておこう。この日、授業に参加したのは小学4年〜6年の児童約25名とその保護者17名の合計約40名、それに教職員や愛媛大学の教員および学生、調理指導の生活研究協議会のメンバーなど運営スタッフが20名以上、見学者も含めると総勢70名ほどの大人数となった。これだけの人数分の料理の準備は大が

かりなものになるが、生活研究協議会の女性たちとPTAの役員が分担して手際よく行われた。また小学校の教員も、調理器具や食材の準備、調理の補助などのサポート役を務めてくれた。当日使用した魚は漁協から提供を受けたもので、大きなカツオは鮮魚店主によって解体のデモンストレーションが実施された。愛媛大チームは、講義時の講師役、調理の指導・補助などを分担し、全体の進行管理を行った。

　こうして、講義〜調理〜試食という一連の流れで「ぎょしょく教育」基盤プログラムを無事に実施することができたが、これは運営に関わった教職員や保護者、生活研究協議会のメンバー、漁協、鮮魚店主、行政職員、そしてわれわれ愛媛大の研究者や学生スタッフなど、多くの関係者のチームワークの成果である。それぞれの関係者にとって初めての経験であったが、この山間部の小さな学校での「協働作業（チームワーク）」が成功したことで、われわれを含め関係者が「ぎょしょく教育」のコンセプトの実現にささやかな自信をもてるようになった。

（2）小規模校（臨海部）での実践：「ぎょしょく教育」の意義と効果を確信する

　山間部の小学校での実践の経験をふまえ、その約2カ月後の2005年12月初旬に、臨海部の小学校で2度目の「ぎょしょく教育」基盤プログラムの実践を行った。

　臨海部のこの小学校も小規模（全校児童64名）で、基盤プログラム実施当日の参加者は、5年生〜6年生児童29名と保護者24名であった。この小学校での実施準備に際しても教職員の協力が大きな役割を果たした。教員の1人は、2カ月前の山間部の学校での実践に視察をかねて参加し、当日の運営をサポートする裏方として協力してくれていた。このように「ぎょしょく教育」実施校の教員に、一度でも当日のプログラムの様子・実際の現場を見てもらっておくことができたことは、重要なポイントだった。この小学校でもPTAの協力を得て、当日は調理補助などの役割を担ってもらったが、こうしたPTAへの説明から協力依頼まで、上記の教員が中心となって準備を

第6章 「ぎょしょく教育」の実践で地域社会の協働関係を編み直す

担ってくれた。われわれ愛媛大チームは、事前の設備確認や打ち合わせで現地に足を運んだほか、当日のスケジュールや役割分担などの手配を小学校教員との電話等でのやりとりで順調に進行することができた。

こうしてスムースに準備ができたのは、他校での「ぎょしょく教育」実践に参加した教員とわれわれが、当日の実施体制やプログラムの流れのイメージを共有できたからこそ可能だったのだと思う。

2005年12月の「ぎょしょく教育」基盤プログラムの実施当日は、臨海部の小学校らしく、児童や保護者の地元の魚への関心は高く、講義〜調理〜試食の全ての段階で、とても積極的な反応が得られた。地域外から入っていったわれわれにとって、臨海部の子どもたちの魚への高い関心は当初から予想していたのだが、それ以上の反応だったように思う。また、保護者の授業に対する反応はさらに大きく感じられ、地元の水産物への関心や愛着も予想通り高いということが分かった。

しかし他方で、われわれの予想を裏切る、魚をめぐる地域の社会生活の状況も分かってきた。子どもたちや保護者たちと実践を通じて触れあうまで分からなかったことだが、家族や隣近所など身近に水産業関係者がいる人々は、地元の魚に日常的に触れる機会は確かに多いが、それは家族内など狭い関係のなかでの体験や知識に限られていて、地域コミュニティや学校というような共同の場での魚の調理経験や魚食経験はそれほど多くないということだった。例えば、当日参加していた保護者の過半が30代の母親だったが、調理実習の際には、彼女たちが最も熱心に魚の調理方法に耳を傾け、すすんで調理を体験しようとしていた。このときの様子と、母親たちと交わした会話を基にすると、地元の魚を家族以外と共同で料理して食べることは、臨海部に暮らして、身近に水産関係者がいる人々といえども、かなり稀少な経験になっていることが分かってきた。この点については、冠婚葬祭などに際して共同の調理や飲食を日常的に経験してきた祖母世代の社会生活と大きな隔たりができていることが想像できた。

この臨海部の小学校での「ぎょしょく教育」実践も、前回と同様に、地域

実践編

写真1　愛南町の臨海部の小学校で「ぎょしょく教育」を終えて全員で記念撮影。

の多様な関係者の協力と連携により無事に実施することができたが、今回の経験でわれわれは、「ぎょしょく教育」の意義と効果を確信した。水産業の盛んな地域の臨海部に暮らす人々でさえも、家庭以外で地元の魚に触れ、体系的に魚について学び、地元の魚を大勢で共に食べる経験が限られている現状に対して、「ぎょしょく教育」はその経験を多くの人たちで共有する重要な機会となり得るはずだ、と。

(3) 町中心部の大規模校での実践：地域協働を機能させる

2005年度（1年目）に山間部と臨海部の小規模校2校で「ぎょしょく教育」基盤プログラムを無事に実施できたことを追い風に、2006年度（2年目）は愛南町中心部の比較的大規模な小学校で実施することを目指すことになった。大人数での基盤プログラムの実施については、講義だけでなく魚を扱う調理体験や試食も含めた授業のため、安全や衛生面の懸念があり、数多くの配慮が必要であることから、われわれもこれまで以上に時間をかけて慎重に準備を進めた。

第6章 「ぎょしょく教育」の実践で地域社会の協働関係を編み直す

　大規模校での実施実績がない段階でありながら、学校側はわれわれの企画提案を積極的に受け止めて検討を始めてくれた。同じ町内での小規模校での実施実績とともに大きな力になったのは、地域社会の人と人とのつながりであった。例えば、校長と町水産課職員が地域のスポーツ活動を通じて顔見知りであったことから、「ぎょしょく教育」のコンセプトやプログラムの内容について、理解とイメージの共有が、われわれが説明する以前にかなり進んでおり、企画提案を前向きに検討してくれる素地となっていたように思う。

　2006年の春から準備を開始し、われわれは何度か小学校に足を運び、打ち合わせを進めた。特に実施時期については、学校側の行事との兼ね合いや、衛生上の観点から夏を避けることなど、幾つかの条件が関わり、設定に時間をかけたが、最終的には2006年10月の週末（全校登校日として設定）の実施を目指すことで確定し、それに合わせて準備を進めていった。また、今回は5年生児童（約50名）に加えて、隣接する町立幼稚園も幼小連携教育の一環として参加することになり、幼稚園生と1年生児童の約50名も合わせて実施することになった。5年生と1年生そして幼稚園生の児童約100名だけでもかなりの数だが、その保護者を含めると参加者は150名にもなる。それに加えて、学校の教職員や水産関係者、調理補助の漁協女性部、われわれ愛媛大の教員と学生スタッフを合わせると総勢200名の大規模なイベントとして、準備も大がかりで時間のかかるものになった。

　こうした学校内の打ち合わせと同時に、1年目に協力してくれた学校や水産関係者などを含めた支援者による「ぎょしょく教育地域協働委員会」を立ち上げて、何度か会合を開いた。この委員会は、われわれ愛媛大学の研究チームの呼びかけで、漁協や漁業者、鮮魚店主など水産関係者と、教育委員会や小学校教員、町役場職員など行政関係者、アマチュアの魚の写真家などの個人と、教員や学生の大学スタッフが「ぎょしょく教育」に関する情報や意見を自由に交換する場として不定期に開くことにしたものである。この場に、1年目に「ぎょしょく教育」を実施した小規模校の教員と、これから実施予定の大規模校の教員の双方に加わってもらえたことで、1年目の経験や反省、

実践編

写真2　愛南町中心部の小学校での「ぎょしょく教育」の試食風景。

改善の意見などを交換し共有することができた。また、この年の夏には並行して「ぎょしょく教育」展開プログラムを試行的に実施したが、そのための打ち合わせや振り返りなどの場としても活用した。

　こうして小学校の教員サイドとは、かなり早い段階からじっくりと打ち合わせを進めていったが、今回の実践でもPTAの協力が不可欠であることから、実施約1ヵ月前の9月にPTAの役員に集まってもらい、「ぎょしょく教育」のプログラム説明会を開催した。そこで、前年度の小規模校での実践の様子をビデオやスライドを交えて説明し、「ぎょしょく教育」のコンセプトへの理解と、当日の進行イメージの共有を計った。また、当日のPTAの役割分担などについても協議しながら準備を進めた。

　2006年10月の実施当日のプログラムの詳細等については第3章を参照してもらうとして、以下は運営側として最も注意した点を簡単にまとめておく。体育館で開会し講義を終えた後、調理体験や幼児向けプログラムに移ったが、児童および保護者あわせて約150名にのぼる参加者で、実施教室が3ヵ所以上に分かれるため、各パート間の連携や全体の進行との調整などに、これま

でにない労力が必要であった。また、5年生向けプログラムと1年生向けプログラムは部分的に重なるが基本的には異なるメニューで、それを同時進行させる。今回は、こうした複雑なスケジュールだったが、小学校の教員間の役割分担がうまくなされていて、大学生スタッフも十分な数がいたため、大きなトラブルもなく、無事に「ぎょしょく教育」基盤プログラムと幼児向けプログラムを終えることができた。学校で行う大人数のイベントには、教員の指導力やチームワークがとても重要であり、今回の成功も、その準備や調整に負うところが大きい。

　もちろん、こうして無事に大規模なプログラムを実施することができたのは、小学校の教職員だけでなく、教材としての魚の提供者である漁協や漁業者、調理のデモンストレーションを担当した鮮魚店主、調理指導・補助の漁協女性部、運営をサポートしたPTAや個人ボランティア、講義や調理の講師役や全体の進行などを担当したわれわれ愛媛大の教員と学生スタッフなど、総勢50名以上の関係者・支援者のチームワークの成果である。

　打ち合わせや準備の段階に始まり、実施当日の様子や会話、そして関係者によるその晩の打ち上げ会での談話などから、われわれが感じたのは、学校という場で、子どもだけでなく親も含めて世代をこえて、地元の魚を総合的に学ぶために、地域の多様な関係者が連携・協力しあうことそのものが、関係する人々自身の大きな喜びになったのではないかということだった。プログラムの最中に見せる児童や保護者の新鮮で驚きに満ちた反応や表情を、打ち上げ会で酒を飲みながらみんなで反芻しあうなかで、「またやりたい」「もっとこんなことも……」という未来への意欲も耳にした。

　愛南町での2年にまたがる「ぎょしょく教育」の実践を通じて、われわれ大学の人間も含め、地域の多くの関係者が地元の魚を介した人のつながりを再確認し、お互いに協力し合うことにやりがいを感じるようになっていた。

実践編

4．地域のつながりを編み直す：「ぎょしょく教育」を支える協働関係（ネットワーク）へ

(1) 地元の魚を介した人と人とのつながり

　2005年から06年にかけての２年間にまたがり、「ぎょしょく教育」の実践を愛南町という地域で進めていくなかで、われわれ自身が、地域の人々の間に存在しているつながり＝網の目に気づいていったのだが、それは地域の人々にも、これまであまり意識されていなかったものだった。そのことを象徴するのが、地元の魚を介した地域の人々の間のつながりである。その網の目はとても細やかにはりめぐらされているようで、地域外のわれわれにとっては驚くほどの密度に思えるのだが、地元の人々にとっては当たり前すぎて、その価値や意味が意識化されていなかった。

　具体的に言うと、この地域の人々にとって、魚は「買うもの」ではなく誰かから「もらうもの」として、まだまだ存在しているということだ。われわれは、「ぎょしょく教育」実践の際に、児童や保護者に対してプログラムの効果を計るための質問紙による面接調査を実施してきたが、それと同時に、地域の食生活の構造を把握するための項目についても質問を重ねてきた。

　その調査から分かったのは、図1のとおり、日常で「魚をもらうことがある」と回答した保護者が、町内3校合計で64.9％にのぼることである。地域別のうちわけを見ると、山間部の小学校や町中心部の小学校でも「魚をもらうことがある」のは50％以上であり、臨海部の小学校では80％以上の高率になる。ある程度は予想した上での調査項目だったが、ここまで高い割合で「魚をもらう」関係が存在しているとは思っていなかった。この数値と比較可能な他地域の食生活に関するデータは今のところ見つけられてないが、「魚をもらうことがある」のがかなりの高率であることは間違いないだろう。臨海部での高率も予想以上だったが、山間部でも半数以上の家庭（小学生のいる）で「魚をもらう」ことがあるということが分かって、地域の暮らしと人のつながりをより鮮やかにイメージすることができるようになった。

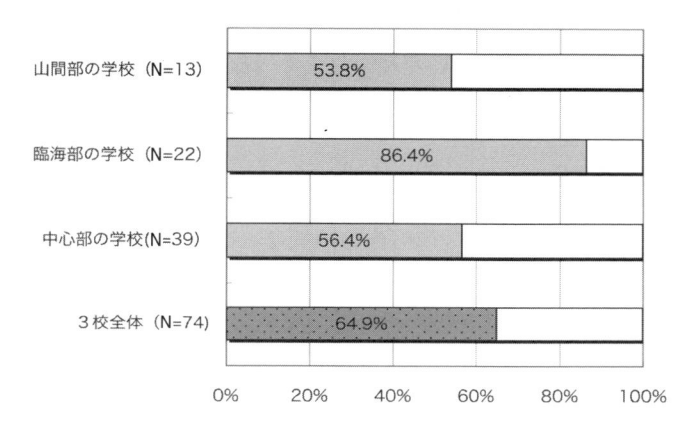

第6章 「ぎょしょく教育」の実践で地域社会の協働関係を編み直す

```
山間部の学校（N=13）    53.8%
臨海部の学校（N=22）    86.4%
中心部の学校（N=39）    56.4%
3校全体（N=74）         64.9%
```

図1　「魚をもらうことがある」家庭の割合（愛南町内3小学校）

　こうした魚の流れには金銭が介在しないので地域の経済指標にもカウントされていないはずだが、地元の魚を家族や友人・知人から「もらう」のは（その魚は獲れたてで、新鮮で良質なのは間違いない）、ある意味でとても豊かな暮らしだと言えるだろう。また、食べものを「分けあう」のはきわめて社会的な行為であり、地域の社会的なつながりの太さを示唆するものだと考えられる。

　しかし、「魚をもらう」関係がこれだけ存在している一方で、その関係を地域の人々が意識化しその価値を認めていたかというと疑わしい。水産業が盛んな地域であり、地元の魚に多くの人が愛着を持ち、実際に地元の魚をたくさん食べているにもかかわらず、地元の魚をめぐる人と人との関係は、モノの流通というだけの狭い意味に収まりつつあったと言えるのではないか。例えば、臨海部の小学校でわれわれが感じたように、魚という食べ物は、家庭内の私的な領域ではこれまでとさして変わらない重要な位置をしめていながら、地域の社会生活のなかでの存在感はどんどん低下しているのではないか。小学生の母親世代にとっては、地元の魚の多様な調理方法は、家庭の外で学ぶ機会が少なく、あらためて学ぶべき事柄となっている状況になりつつある。

こうしてわれわれは、魚を介した地域の人と人とのつながりの豊かさや太さに気づくと同時に、地域社会のなかで魚を食べることが創りだす意味が狭まりつつあることにも気づいた。

(2) 機能する協働関係(ネットワーク)へ

　2005年秋から冬にかけて、愛南町内の山間部と臨海部の２つの小学校での「ぎょしょく教育」基盤プログラムの実践からスタートし、2006年の町中心部の小学校での実施にいたるまでに、「ぎょしょく教育」に関係する地域の支援者や組織などの全貌が、われわれの目には、かなりはっきりと見えるようになってきた。この多様な地域の関係者に、「ぎょしょく教育」という目的を共有してもらうことで、連携や協力が容易になり、今後も継続して行けるのではないかと考えるようになった。

　2006年度には先述したように、「ぎょしょく教育地域協働委員会」を立ち上げ、関係者や支援者による情報の交換・共有の場として活用し始めていた。その一方で、愛南町には魚食普及推進協議会という水産業関係者の組織が存在しており、「ぎょしょく教育」に関わった水産業関係者の多くが会員として所属していた。しかし、この協議会には教育関係者やわれわれ大学など地域外の関係者は入っていない。そこで、この協議会を「ぎょしょく教育」の地域内外の関係者を広く含めた形で発展させられないだろうかと、事務局を担当している役場水産課職員と一緒に考え始めた。この構想が2006年度中に実現し、「愛南町ぎょしょく普及推進協議会」と、組織名をひらがなの「ぎょしょく」に改称し、地域内外の関係者も含めて活動することになった。その組織を図にすると図２のようになる。

　われわれのような地域外の関係者も含め、地域内外の多様な分野の関係者が連携・協力する体制がこれで目に見える形で整った。そして、2006年度末には、第５章で述べたようにこれまで実践してきた「ぎょしょく教育」のプログラムを整理し、マニュアル化したので、そのマニュアルに基づいて地域の水産関係者や教育関係者が授業を実施できるようになった。われわれ大

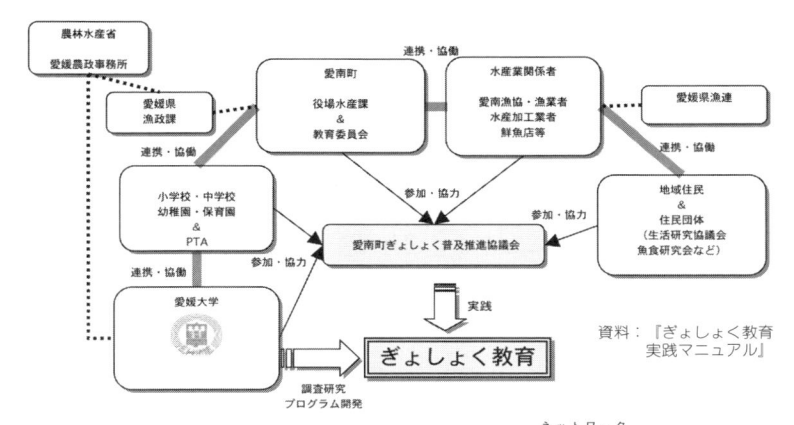

第6章 「ぎょしょく教育」の実践で地域社会の協働関係を編み直す

図2 「ぎょしょく教育」を支える地域の協働関係(ネットワーク)

資料：『ぎょしょく教育実践マニュアル』

学関係者が講師役を務めるのではなく、地域の人々が地元の魚について子どもたちに講義し、デモンストレーションをする体制と教材の準備を整えることができた。こうして、2007年度には、地域の人々が講師役で、「ぎょしょく教育」のプログラムが実施され始めた。

以上のように、愛南町では、「ぎょしょく教育」という目的を共有する地域の人々のつながりを編み直し、プログラムのマニュアルと教材を整備することで、地域の人々が互いに連携・協力して機能する協働関係(ネットワーク)をつくり出すことができた。

5．食育をまちづくりに生かす

(1) 食べものは人と地域につながる

愛南町での「ぎょしょく教育」の準備から実践まで、地域の人々と共に活動してきた様子を振り返ると、この地域で「魚」という食べものをめぐって張りめぐらされた網の目を一つずつ確認していく作業だったように思う。手繰れば、その網はずっとつながっていて、地域外のわれわれには、その網がどこまで続いているのか分からない。しかし、「ぎょしょく教育」というコ

ンセプトをこの地域に持ち込み、その目的を多くの人々に共有してもらい、実際に協力してもらうことを通じて、地域のなかに機能する網を一つたてられたのだと思う。その網の目の一つに、われわれ大学の関係者も加わっている。

　こうして振り返ると、食べものは、人と人との間をつなぐものであり、地域とつながるものであることがよく分かる。「ぎょしょく教育」というきっかけによって、地域の人々がそのつながりを再確認し、その実現のためにみなが協働したことは、一つの「まちづくり」の試みだと今では総括できるだろう。

　現代日本では、「弧食」や「個食」という言葉に象徴されるように、「食」の個人化が急速に進みつつあるが、いまこそ地域社会のなかでの「食」を再考すべき時だと思う。人と人とのつながり、人と地域とのつながりを再興する、再構築するために、「食」はとても重要な主題であることは間違いないだろう。

(2)「食育のまちづくり」の先行事例

　「食」を主題としたまちづくりは、近年日本各地で始まりつつあるところだが、その先行事例として挙げておきたいのは、福井県小浜市である。小浜市は、人口約3万人強の小さな市だが、2001年に全国で初めて「食のまちづくり条例」を制定し、「食のまちづくり課」を発足させ、2004年には「食育文化都市」を宣言するなど、特に行政が先導して、積極的に「食のまちづくり」を進めている[1]。そのなかでも力を入れているのは、子どもから高齢者までライフステージにあわせた食育である。食育を「食のまちづくり」の核にしているという意味では、「食育のまちづくり」という表現がふさわしい事例だと思う。

　また農業分野での食育・「食農教育」を生かしたまちづくりの事例として、四国の2つの地域が全国的にもよく知られている。一つは高知県南国市で、「食育のまちづくり条例」を2005年に制定し、学校給食をきっかけに食育に

よるまちづくりを地域に広げている[2]。もう一つは愛媛県今治市で、「食と農のまちづくり条例」を2006年に制定し、有機農業と食育によるまちづくりに力を注いでいる[3]。

(3) まちづくりの主題としての食育

われわれが「ぎょしょく教育」の実践を継続的に進めていく、その最も大きな原動力になったのは、なによりも、プログラムを体験した子どもや保護者たちの新鮮な驚きの表情や熱心な視線だった。それは、協力や支援をしてくれた地域の関係者も同様で、子どもたちの興奮を目の前に見れば、「またこういう体験をさせてあげたい」という気持ちが膨らんでいく。

興味や関心に満ちた生き生きとした子どもたちの表情を目の当たりにするという、まさに「教育」の本質的な部分こそが、人々がすすんで支援・協力する大きな原動力になる。まちづくりの主題としての「食育」の求心力は、ここにあるのだと思う。

以上のように、われわれの「ぎょしょく教育」の歩みを簡潔に振り返って整理してきたが、「ぎょしょく教育」の実践を通じて確信したのは、地域の人々を動かす「食育」の力であった。「食育」は、地域づくり（まちづくり）の大切なきっかけとして、またその目標として大きな可能性を秘めているものだと思う。

注
1) 高島賢「『食育文化都市』御食国若狭おばまの生涯食育」『食育活動』1、pp.50-57、2006
2) 西森善郎「地域密着型学校給食が地域の「食の架け橋」を創る―南国市の食育10年の歩み―」『食育活動』2、pp.52-59、2006
3) 安井孝「地産地消・有機農産物の学校給食」中島紀一編『いのちと農の論理』、コモンズ、pp.90-104、2006

（野崎賢也）

提言編

タイをさばく

第7章 「地域理解教育」としての新展開
― 「ぎょしょく教育」の効果と展望を探る ―

1．はじめに

　2007年7月16日の海の日。その日の朝7時30分から、NHK『おはよう日本』で特集「魚好きの子供を増やせ」と題して、私たちの推進してきた「ぎょしょく教育」が25分間にわたって全国放送された。番組の主題は「ぎょしょく教育」を通して地域産業や食糧の問題を考えることであった。私たちの約2年間に及ぶ取り組みに、「魚好きの子供たちが、そして、魚を本当に見つめてくれる子供たちが増えた。手応えを感じる」と、愛南漁協の浜田伊佐夫組合長は明るく語った。その例として紹介された町内小学校6年生の男子児童は、「ぎょしょく教育」をきっかけに、魚そのものや料理法に興味を持ち、母親に魚料理をつくってほしいと頻繁に求めた。その母親は、漁業者の父から魚のさばき方を学び、「地元の魚をきちんと料理でき、子供に食べさせられることを誇りに思う」と、胸を張って答えていた。そして、私たちは2006年に農水省補助事業の資金を得て、子供たちへの「ぎょしょく教育」普及を意図して、カードゲーム「ぎょショック」を製作したのである。これが子供たちの間で人気となり、子供たちは主題歌を作ったり、カードのキャラクターを考えたりした。ゲストの服部幸應さんは、VTR全体を見た後、「すばらしい。ユニークな、いいアイディアですね。地産地消につながる取り組みだ。食料自給率を上げるきっかけになってほしい」と高く評価してくれた。そして、「この「ぎょしょく教育」を通して、食べることだけでなく、ふるさとを取り巻く海の問題にまで関心が広がった」と、アナウンサーが締めく

くったのである。

　私たちのプロジェクトチームのメンバーは、それぞれの立場で、この番組に共感し満足感を持った。これ以外にも、私たちの取り組みは、地元はもちろん、大阪や東京のメディアでも数多く取り上げられ、その回数も50回を超えた。蝸牛の歩みながらも、「ぎょしょく教育」は定着しつつある。この定着と広がりについては、浜田組合長も前述のTV番組で力説していた。

　さて、本章では、一定の評価を得て定着化にある「ぎょしょく教育」の効果と意義、そして、今後の水産業・地域・教育に関するあり方を論述する。まず、児童と保護者に対する観察やアンケート（授業実施直後と授業実施1カ月後の2回）の結果をもとに、「ぎょしょく教育」の実践的効果や地域的効果、さらに、その意義を総括する[1]。次に、それらを踏まえつつ、地域に根づいた水産業に関する教育の新たな展開を検討する。これまで実践してきた「ぎょしょく教育」プログラムは、様々な面で質的な向上を図る必要がある。とりわけ、「ぎょしょく教育」の方途としては、水産業を通して地域社会の総合的な理解を図る教育が想定でき、その展開が重視されるべきだと、筆者は考える。それには教育コンテンツの拡充が不可欠であり、地域資源はその有効な題材と位置付けられる。地域資源の活用を具体的に例示した上で、これからの「ぎょしょく教育」に求められる方向性を展望したい。

2．実践的効果

(1) 全体的な効果

　「ぎょしょく教育」プログラムの全体的な効果をみておく。まず、保護者に対する効果は魚食の拡大である。図1のように、授業実施直後、魚を食事に利用したいと考える保護者が8割近くに達した。これは、この授業の実施が食の機会拡大にうまく機能したことを示すもので、積極的な魚食普及に連動したものといえる。

　次に、児童への効果は魚食に対するニーズの高まりとして表れた。図2の

（授業実施直後）
「今後、子どもの食事に魚を増やしたいと思いますか」
町全体（N＝53）

- 思う 78％
- その他 13％
- どちらでもない 9％

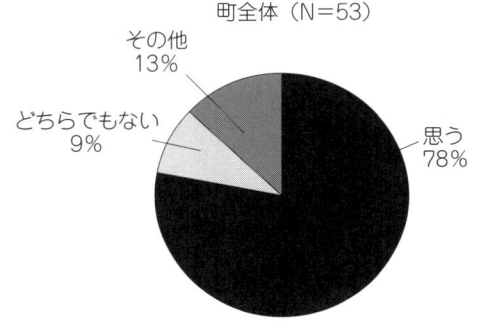

図1　今後の魚料理の意向（回答者：保護者）

（授業実施1ヵ月後）
「お子さんが魚を食べたいと望むことがありましたか？」

山間部（N＝21）
- ある 52％
- ない 43％
- 無回答 5％

臨海部（N＝25）
- ある 80％
- ない 20％

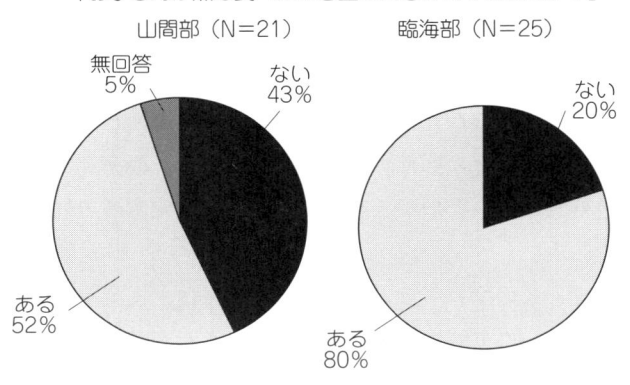

図2　児童の魚食への希望（回答者：保護者）

とおり、授業実施後1ヵ月の間に魚食を希望した児童は、山間部で5割、臨海部で8割にも達したことから、授業がきっかけとなったようだ。

　そして、より直接的で明確な効果は、授業実施1ヵ月後の魚に対する好き嫌いの変化で明らかである。児童に見られる魚好きへの好転と促進がみられ、

提言編

（授業実施1ヵ月後）
「お子さんの魚の好き嫌いに変化がありましたか」

山間部（N=21）　　臨海部（N=25）

無回答 10%
どちらでもない 33%
好きだったがさらに好きになった 33%
どちらでもなかったが好きになった 19%
嫌いが好きになった 5%

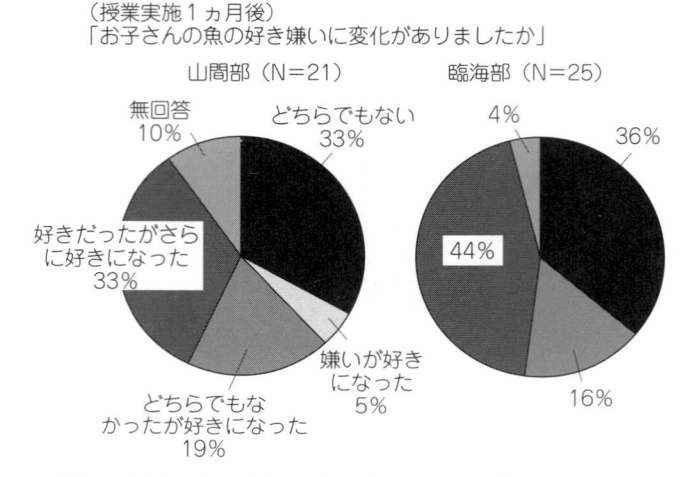

4%
36%
44%
16%

図3　児童の魚に対する好き嫌いの変化（回答者：保護者）

　図3のように、山間部で5割強、臨海部で6割の児童は魚好きになった。山間部では、魚嫌いだった児童、どちらでもなかった児童が好きになったのが2割もあり、魚好きへの好転が見られた。それに、臨海部において、好きだったがより好きになったのが5割近くに及んで、児童の魚好きは促進されたのである。

　したがって、このプログラムの実践的な効果は、授業実施直後から見られ、その1ヵ月後に、より明白なものになった。そして、その効果は児童に加えて、保護者にも見られ、相乗的なものへ昇華している。児童とその保護者（両親や祖父母など）によるペア参加は、教育的に極めて有効なものであることも裏付けられた。

(2) 児童の「魚触」に対する強い反応

　児童の「魚触」への反応は強く、魚に触れて調理することに対して「おもしろかった」・「楽しかった」という回答が6割以上を占めた。顕著な傾向と

第7章 「地域理解教育」としての新展開

（授業実施直後）
「カツオ（タイ）について、魚1匹全体の姿（形）を知っていますか」
　　山間部（N=18）　　町中心部（N=48）　　臨海部（N=27）

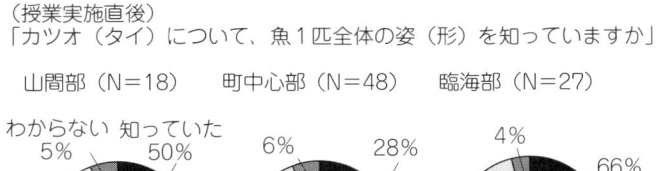

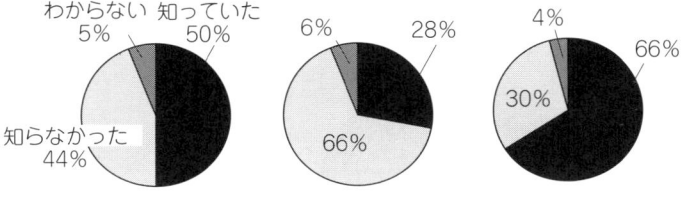

図4　魚の姿・形に対する認知〈地域別〉　（回答者：児童）

（授業実施直後）
「魚を触ってみて（さばいてみて）どうでしたか」
　　山間部（N=18）　　町中心部（N=48）　　臨海部（N=27）

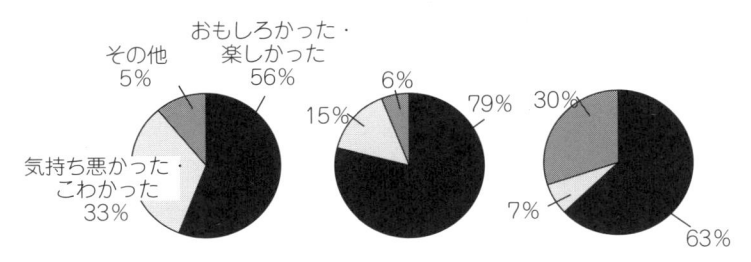

図5　魚の接触・さばきに対する感想〈地域別〉　（回答者：児童）

して、次の3点があげられる。第1に、カツオやタイの一匹の姿を知らない児童が半数以上に及ぶ町中心部では、図4と図5のように、「おもしろかった」などのプラスの評価が8割近くに達し、「魚触」への反応は大きかった。第2に、山間部と臨海部の相違が明確である。臨海部の児童が比較的、魚を見慣れていて、魚に触れることにあまり抵抗感がなかった。しかし、児童の半分以上で一匹の生魚を触るのが初経験という山間部では、図5のとおり、「ブヨブヨ（ヌメヌメ）して、気持ち悪かった（こわかった）」と感じた児童は

111

提言編

（授業実施直後）
「魚を触って（さばいて）、どうでしたか」＆「今後、魚を触りたい（さばきたい）ですか」→「気持ち悪い・こわかった」けれど、「またやってみたいか」

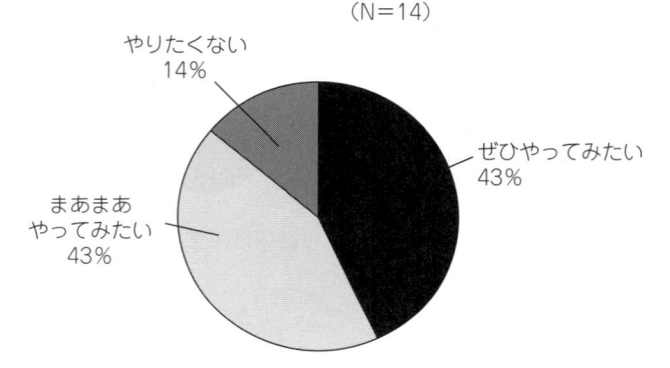

(N＝14)

- ぜひやってみたい 43%
- まあまあやってみたい 43%
- やりたくない 14%

図６　魚に対する忌避と今後の意向〈クロス集計〉（回答者：児童）

約３割であった。しかし、最初、躊躇し避けていた児童は、時間の経過とともに、徐々に慣れて、魚の尻尾をつかんで得意げになっていた。第３に、「気持ち悪かった（こわかった）」という山間部の児童も、図６のように、「今後も、機会があれば、魚に触れてみたい、あるいは、魚をさばきたい」児童は８割を超えた。これは触覚による「魚触」の学習が極めて効果的であったことを例証するものである。

また、大型カツオの解体や卸売市場でのセリに対する関心も高かった。児童が目を輝かせながら親近感を持って、それらを凝視している光景は、まさに「百聞は一見にしかず」という視覚の重要性を示している。

(3) 五感による教育と食のコミュニケーション

「魚触」は人間の五感のひとつである触覚を有効的に活用している。人間が外界を感知する感覚の五感には、皮膚を介した触覚のほか、舌による味覚、目の網膜を通した視覚、内耳からの聴覚、鼻腔による臭覚がある。こうした

分類の基本は古代ギリシャのアリストテレスによって考えられたが、「ぎょしょく教育」においては、「講義」と「調理」で触覚や臭覚、視覚、聴覚が、「試食」で味覚や臭覚が、それぞれ駆使された。

　現代社会において、五感を用いてじっくりと感じる時間や機会が少なくなり、視聴覚による食の情報は氾濫し、情報過多の状況にある。そして、現代人は自分の舌や鼻、皮膚を使わず、情報に引きずられて頭で判断して食べるようになり、生来の五感をうまく使えなくなっている人も増えている[2]。その代表的なものが「味覚異常」である。舌の細胞が再生されず、味がわからなくなった人たちが若い女性や子供を中心に増加している。この疾患者は予備軍も含めて20万人を超え、その原因が食事の偏りなどによる亜鉛不足や食事作法の乱れだといわれる。五感が個人と他の世界をつなぐコミュニケーションの原点であり、また、食は人間が生きていく上で最も基礎になるものだ。食によるコミュニケーションが揺らいでいるのは憂慮すべきことである。そうした状況を少しでも是正するために、触覚や味覚などの五感によって脳を刺激する「ぎょしょく教育」も含めた食育の推進は重要といえるだろう。

　したがって、体験主義や現場主義の教育方法を前提とした「直接体験」などの五感による教育は、児童への有効的な動機付けとなり、鋭い洞察力や豊かな想像力、積極的な行動力を培うことにつながる[3]。そして、ただ個人が感じるだけではなく、児童が相互に、驚きや痛みなどの印象や感動として伝え合い、認識を共有することこそが、食を通した本来のコミュニケーションである。そうしたコミュニケーションを円滑に進めることで、躾やマナーを体得した社会性が強化できるだろう。学校給食においても、栄養価を配慮して食べるという行為の単なる繰り返しだけでなく、「食べて共感する」配慮が不可欠だと考える。つまり、食育は、主知主義を看守しつつ、体験による主意主義を盛り込んだ、包括的な教育を前提とするのである。

3．地域的効果

(1) 地域の連携と協力

「ぎょしょく教育」の実践と推進において実感するのは、第7の新たな「ぎょしょく」が不可欠なことである。これは「魚織」、つまり、「ぎょしょく教育」を支援し展開する組織を意味する。「ぎょしょく教育」授業は、直接的な協力を得た愛南町内の小学校のほか、愛南町役場の教育委員会や水産課、愛媛農政事務所などの行政＝官、愛南漁協や町内の水産業者といった水産業界＝産、さらには、愛南町生活研究協議会や愛南町魚食研究会など地域諸団体＝民といった協力と連携なくして、完遂できなかった。具体的に例示すると、次のようになる。小学校関係での企画の調整を教育委員会が、水産関係者や地域諸団体における企画の調整を水産課がそれぞれ担当した。そして、「講義」の教材として使用した30種類に及ぶ地元の魚が愛南漁協により収集〜冷凍保管され、また、「調理」や「試食」の食材となった魚は愛南漁協や町内の水産業者から提供された。さらに、タイや郷土料理の指導と調理を愛南町生活研究協議会が、カツオの解体実演や皿鉢料理の調理を愛南町魚食研究会が、それぞれ担ってくれた。このように、「ぎょしょく教育」の支援組織である「魚織」はこのプログラムに大きく寄与している。

私たちの提案した「ぎょしょく教育」の実現は、まさに産・官・民・学の深い理解にもとづく連携と協働による賜物であると同時に、食育に対する地域住民の理解と意識の高さを示している。その根底には、以前の日本社会で一般的に存在した、地域の連帯性や共同性が維持され、緊密な人間関係が息づいているがゆえに、それらがうまく機能した面もある。地域の教育力の回復には、学校・家庭・地域社会の密接な連携が求められ、「ぎょしょく教育」は地域住民の協働による「顔の見える教育」の試金石になったといえよう。

愛南町では、「ぎょしょく教育」推進のために、従来の魚食普及推進協議会は2006年4月に「愛南町ぎょしょく普及推進協議会」と改称され、さらに、

第7章 「地域理解教育」としての新展開

写真1　「地域に根ざした食育コンクール2006」受賞式

2007年4月に構成メンバーが拡充された。また、「ぎょしょく教育」の取り組みは、写真1のように、本協議会として、2007年1月の「地域に根ざした食育コンクール2006」において優秀賞を受賞した。さらに、こうしたことは『水産白書』で、2回も紹介された[4]。本協議会は、その後も、「ぎょしょく教育」という地域協働の核となって、より実践的な活動に取り組んでいる。

(2) 地域の伝統的な食文化に対する再検討

「魚飾」と「魚食」に強い反応が保護者に現れた。日常生活で、保護者は地元の魚を知らないし、鯛めしや冷汁など郷土料理をつくる機会がなかったようだ。それで、「地域で魚がどのように獲れるのが理解できて良かった」、「郷土料理の調理方法を実際に勉強できて良かった」、さらには、「これからの家庭での料理、今後の食生活に活かしたい」という積極的な評価が多く見られた。

（授業実施直後）
「ご家庭で魚をさばくことがありますか」

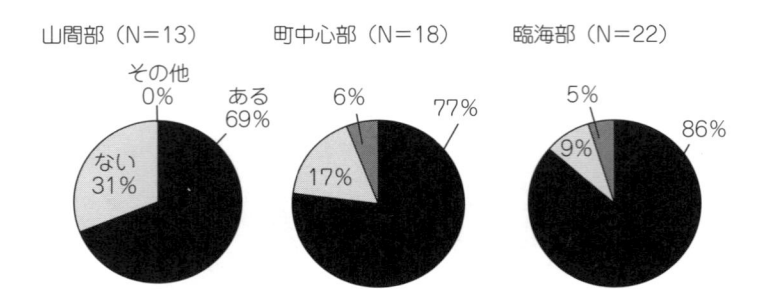

山間部（N=13）　町中心部（N=18）　臨海部（N=22）

その他 0%／ある 69%／ない 31%
6%／77%／17%
5%／86%／9%

図7　家庭における魚さばきの有無（回答者：保護者）

　家庭で魚をさばく機会は、愛南町の場合、都市部に比べて高いが、町内でも山間部と臨海部において明白な相違がある。図7のとおり、さばく機会が「ある」のは、山間部で6割台なのに対して、臨海部では8割近くに及び、家庭で魚がよくさばかれている。ただ、そのなかで、アジやイワシなど小魚をさばける母親も、カツオなどの大型魚は祖父母に任せている場合もあった。親子ペアによる「ぎょしょく教育」への参加によって、家庭における魚料理の機会を増やせる可能性は高い。

　水産業・漁村は、水産物を供給するという本来的機能のほか、様々な多面的機能を持っている。それらの機能の一つに、「文化を継承し創造する機能」がある。漁村には個性豊かな伝統的な文化が数多くみられ、魚食文化もその一つといえる。地域特有の郷土料理には、生食のほか、魚の調理加工法には創意や工夫が見られ、そして、繊細な味、生活の技術や知恵も含まれている。漁にまつわる漁民信仰や年中行事、民俗芸能も含めた魚文化を把握することは、地域文化を見直す端緒につながる。したがって、「ぎょしょく教育」は伝統的な地域文化を伝承していく機会にもなり得るわけである。

　以上のことから、「ぎょしょく教育」は、ただ単に魚の知識に学び調理し試食するだけではなく、地域の社会や文化を総合的に理解するという「地域

第7章 「地域理解教育」としての新展開

理解教育」に位置付けられる。「地域理解教育」としての「ぎょしょく教育」は、子供たちの「魚離れ」を是正するとともに、食を介して子供とその保護者に改めて地域の良さを問いかけ、地域への愛着や誇り、アイデンティティを醸成するきっかけにもなるのである。

4．意義

地域に根ざした「ぎょしょく教育」プログラムの効果や意義を整理すると、図8のとおりである。現代日本における水産業の現状や動向をマクロ的に概

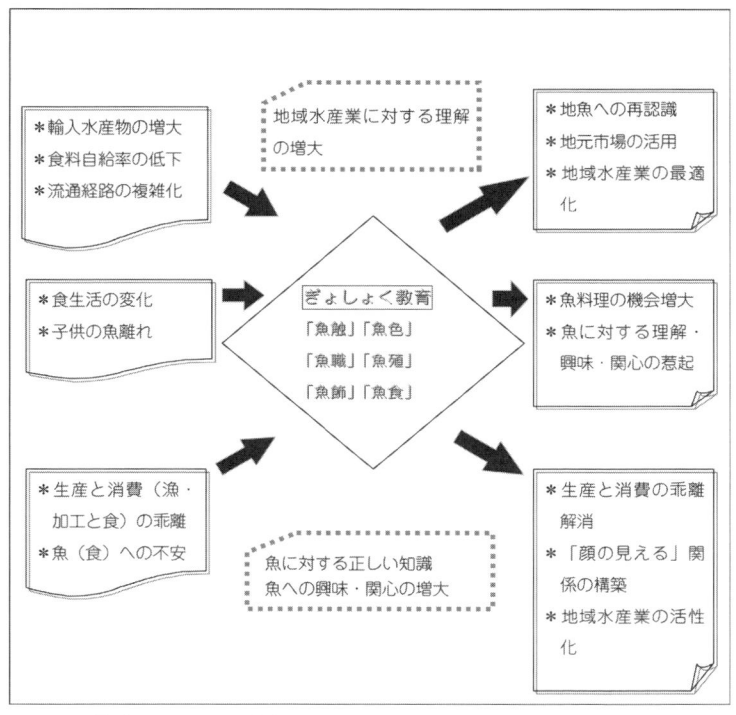

図8 「ぎょしょく教育」に関わる現状・課題・効果

注：阿部原図（2006）を加筆修正したものである。

括してみると、輸入水産物の増大に伴い食糧自給率は低下し、また、市場外流通の浸透などにより流通経路が複雑化している。他方、現代日本人の食生活は諸要因によって大きく変化し、とりわけ、水産分野では子供の魚離れが顕著である。そして、生産と消費（漁・加工と食）の乖離が進行し、食や魚への不安が伸長している。

こうしたなかで、「魚触」から「魚食」までの系統的な学習プロセスを内包した「ぎょしょく教育」には、2つの基本的な課題がある。それらは地域水産業に対する理解の拡大、魚に対する正しい知識と深い興味・関心の増大である。

「ぎょしょく教育」の意義として、次の3つが指摘できる。第1に、地域の水産業や地魚に対する再認識によって、地元市場の活用が見直され、地域水産業全体の最適化を検討する契機となる可能性がある。第2に、地域の水産業や魚の全般的な知識を正しく理解させ、また、魚料理の機会を増大させることで、総合的な教育効果が高められ、若年層に魚への興味と関心を惹起させる契機となる。第3に、「漁業者の高齢化」と「魚食の高齢化」が進行するなかで、「漁と食」の乖離は徐々に解消できる。そして、地域に水揚げされた水産物を利用することで、地域の理解と交流は広がり、「顔の見える」関係が構築される。その結果、水産物の地産地消が促進されて、地域水産業の活性化や地域資源の活用につながると考えられる。

5．教育コンテンツとしての地域資源

水産業に関連した漁村の景観や祭礼・芸能、郷土料理などの食文化は、地域資源として、地域活性化の起点となるほか、地域文化の見直しにつながる「地域理解教育」のコンテンツとなる[5]。地域資源とは地域社会に存在し、上述のような目的などに有用となる資源であり、食文化も地域資源として重要な位置を占める。「ぎょしょく教育」を「地域理解教育」として展開していくためには、その教育コンテンツを拡充する必要がある。ここでは、その

試行的な取り組みとして、郷土料理を取り上げて、「ぎょしょく教育」活動拠点である愛南町を含む南予地域、さらには、愛媛県の事例をもとに、具体的な検討を行いたい[6]。

「故郷に残したい食材」調査（2004、農文協）では、食文化継承活動の対象（秋冬編）に115食材が選定された。それらは地域の風土や暮らしに根ざして、伝統的に個性的な食生活を支えてきたもので、地域における食の多様性や食文化を守るために生産と消費を支援すべき食材である。水産関係で選定されたのは、兵庫県のイカナゴや香川県のフナなど魚介8種類、大分県のクロメなど海藻5種類であった[7]。

2007年12月に「農山漁村の郷土料理百選」が農水省から発表された。これは、農山漁村の生産や暮らしのなかで生まれて育まれ、地域の伝統的な調理方法で伝承され、現在も地域でふるさとの味として認知され食されている料理である。全国の99件が選定され、四国では、愛媛県の宇和島鯛めし、じゃこ天、高知県のカツオのたたき、皿鉢料理、香川県の讃岐うどん、あんもち雑煮、徳島県のそば米雑炊、ぼうぜの姿寿司と、各県2件ずつ8件が選ばれた[8]。

ここでは、愛媛県の代表的な魚の郷土料理である鯛めしに絞ってみていこう。鯛めしの食材となるタイは、前述のとおり、愛媛県が生産量日本一で、県魚である。養殖タイは、宇和島市や愛南町など南予地域において、潮流のある生簀で日焼け防止用ネットが張られて育成され、脂が適度にのっている。他方、天然タイは瀬戸内海の来島海峡や豊予海峡、宇和海の潮流の速い海域で育ち、身のしまりが良いものである。

『愛媛の漁村郷土料理マップ』をみると、鯛めしは全県的に、1匹の活タイを姿のまま炊き込むものがある[9]。東予地域の四国中央市土居町では春先の産卵を迎えた桜ダイが、今治市吉海町でも来島海峡の潮流にもまれたタイがそれぞれ用いられて、祭礼や祝事の時に鯛めしがつくられる。中予地域の松山市中島も同様である。養殖ダイの産地である南予地域の鯛めしは、手軽な調理法であるために、祝事や祭礼をはじめとする様々な会合で、また、日

常的に家庭で食べられている。他方、タイを用いる、もう一つの有名な郷土料理として、ひゅうが飯がある。これは、宇和島沖の日振島を拠点とした伊予水軍に起源があると伝えられ、新鮮なタイの切り身をタレにつけて、それを炊き立ての御飯にのせたものである。ひゅうが飯は漁師さんの賄い料理でもあり、鯛めしとも呼ばれる。タイは刺身や焼き物のほか、酒蒸しや味付けの鯛を素麺にのせた鯛そうめん（鯛めん）など多くの調理法がある。こうした事例から、「魚飾」や「魚色」、「魚食」の学習を進めるには、より詳細で周到に地域的な比較検討を行い、その同質性と差異性を明らかにすることが重要であろう。なお、愛媛県でタイとともに有名な養殖魚であるハマチやカンパチは、脂がのった縁起の良い魚で、出世魚としても有名である。ハマチはワカナゴ→ヤズ→ハマチと、カンパチがショッコ→シオゴ→アカハナ→カンパチと、成長にしたがい呼称が変化して出世を意味する。このように、ハマチなどは「魚飾」の学習で身近で格好の素材にもなる。

　タイは地域の行事に不可欠な鉢盛料理の中心的な食材となっている。この料理は高知県の有名な行事食である皿鉢（本来的には、さあち）料理に相当する。タイの活き造りやカツオのたたきといった生（なま）もの、そして、煮物や焼き物、揚げ物、果物やケーキのデザートなどの組みもの、さらに、サバやカマスの姿ずし、巻きずし、にぎりずしなどが一つの大皿に盛られた料理が皿鉢料理である。それらのうち、組みものは盛り込みとも呼ばれる。なお、前述の「農山漁村の郷土料理百選」にも選定された高知県の皿鉢料理との関連からすれば、南予地域の鉢盛料理は地域文化の相互作用という特性を表わしている。これは「魚飾」の学習における魚文化の融合性や複合性を如実に示すものであり、こうした点に着眼した「地域理解教育」としての「ぎょしょく教育」が求められるだろう。

6．おわりに

　現代日本の社会システムはドラスティックに変化しようとしているが、そ

れを示すキーワードの例として、循環型社会と協働参画型社会がある。総合的な水産版食育である「ぎょしょく教育」は、これらに通底し、その方途の手立てになると位置付けられる。

　まず、これまでの大量生産～大量消費～大量廃棄という社会状況からの転換のために、環境や資源に配慮した循環型社会へ向けた取り組みは重要度を増している。海という自然と常に向き合っている水産業は循環型社会の構成要素であり、水産資源や海洋環境に配慮した視点が求められる。そして、水産業は、魚種と魚食文化の特殊性と多様性から、地域社会と密接な関係をもち、地域産業として大きな地位を占めている。「ぎょしょく教育」は、論理と感性の伴う教育方法で、地域の実態を総合的に、かつ、系統的に把握することから、「地域理解教育」としても重要な位置にある。

　それから、地域社会をめぐる状況として、行政サービス・効率性の低下、厳しい財政運営、生活様式や住民ニーズの多様化、さらに、市町村合併による地域枠組みの大きな変化がある。生活の豊かさが実感できる、まちづくりには、地域住民の主体的参加は重要であり、地域住民と行政が一体となった協働参画型社会の形成が求められている。それで、学校・家庭・地域の３者は、対等なパートナーシップを発揮して、まちづくりの基盤となる「地域の教育力」を高めるべきである。地域住民の知恵や経験、技術をもとにした協働により、地域住民の間で「顔の見える」地域密着型の教育が求められる。地域協働システムの「魚職」を基盤にした「ぎょしょく教育」の実践によって、水産業・漁村地域に存在する景観や祭礼、郷土料理などの食文化といった地域資源の発掘と活用が可能となる。魅力的な地域資源の保全や復活、創成することで、「地域理解教育」としての「ぎょしょく教育」は地域の個性を活かした「地域の教育力」づくりに連動できる。そして、「ぎょしょく教育」の推進は、地域の社会関係そのものも豊かにする契機となり、水産業と地域社会を紡ぐことができるだろう。

　「地域の教育力」は、地域再生の起点となる「地域力」の一部といえる。地域再生には新たな地域協働の形成が不可欠であり、それには、「地域理解

教育」としての「ぎょしょく教育」は大きな役割を果たすことができるだろう。また、地域の水産業を中心にした地域ぐるみの活性化に向けた取り組みには、いうまでもなく、地域リーダーなどの人材育成が核となる。長期的にみれば、「地域理解教育」に位置付けられる「ぎょしょく教育」は、そうした人材育成にも資する面があり、地域再生の布石となるだろう。「ぎょしょく教育」をはじめとする食育活動の取り組みは、地域活性化に関して、直視的な即効性が明白でないものの、ボクシングのボディブローのように、徐々に深層的な効果が地域社会に浸透して地域再生に寄与するものと考えられる。

注
1）詳細な分析はプロジェクトチームのメンバーで別稿（日本食育学会誌）を準備しているので、本稿では、これまでに公表したデータをもとに概括しておく。
2）詳細は、以下の文献が参考になる。
　山下柚実『五感喪失』文芸春秋、1999
3）こうした五感を用いた授業実践は、ヨーロッパで積極的に展開されているスローフード活動につながるのはいうまでもない。
4）私たちの取り組みは、以下のとおり、『水産白書』で2006年と2007年の2回にわたって紹介された。特に、平成19年版は優良事例として詳述された。
　「トピックス～水産この一年～　1．おいしい魚で健康ライフ～食育で伝える魚食文化～」水産庁編『水産白書　平成18年版』、p.3、農林統計協会、2006
　「取組事例　地域ぐるみで取り組む「ぎょしょく教育」～食育で水産と地域を紡ごう！～」水産庁編『水産白書　平成19年版』、p.54、農林統計協会、2007
5）筆者の意図する地域資源については、以下の拙稿でも示している。
　若林良和「地域漁業の変容に伴う漁協の対応と役割」『漁業経済研究』46（3）、pp.61-86、2001
　若林良和「カツオで地域おこし！　―カツオの地域資源化とネットワーク形成の重要性―」『四銀経営情報誌』65、pp.1-16、2002
　若林良和「海洋生物の地域資源化と地域社会・行政―クジラとカツオによる地域活性化の事例をもとに―」岸康彦編『農林漁業政策の新方向』、pp.213-233、農林統計協会、2002
　若林良和「水産資源を生かした地域づくり―高知県中土佐町におけるカツオの地域資源化を事例として」愛媛大学地域創成研究センター編『四国のかたちを考える―四国の再評価と地域創成―』、pp.151-169、シード書房、2007
6）愛媛の郷土料理については、以下の文献で詳述されている。

第 7 章　「地域理解教育」としての新展開

　　池山一男・一色保子・鈴木玲子『伊予の郷土料理』愛媛文化双書刊行会、1976

　　日本の食生活全集愛媛編集委員会『聞き書　愛媛の食事』（日本の食生活全集38）、農文協、1988

7）こうした選定の目的は、食材のブランド化（全国展開の商品化）や販売促進ではなく、残すべき地域の宝として食材を再発見して守って支えることにある。これは食育事業の一環（地域の特色ある食文化継承活動事業）として位置付けられるものである。詳細はhttp://nipponsyokuiku.net/syokuzai/を参照。

8）選定数を99件としたのは、もう1件を各自が最後の郷土料理として選ぶことを推奨しているためである。

9）これは、愛媛県下42漁協女性部の調査をもとに愛媛県農林水産部漁政課が作成したもので、A4版サイズで地図や写真がふんだんに盛り込まれている。

　　　　　　　　　　　　　　　　　　　　　　　　　　　　　　（若林良和）

提言編

第8章 「ぎょしょく教育」と食システム
―水産物流通から「顔の見える関係」構築を目指して―

１．はじめに

　高度経済成長以降、日本は大量生産・大量消費・大量廃棄社会となり、これにともない、飽食の時代といわれるようになった。スーパーマーケットやコンビニエンスストアの陳列棚にはありとあらゆる食品が溢れている。またコンビニエンスストアでは、24時間食べたいモノを気軽に購入することが可能となり、国産品に加えて、世界各地から生鮮品や加工品、冷凍品を問わず、私たちの日々の食卓や食文化に変化をもたらしている。
　しかし、このような状況がすすむにつれて、様々な問題も発生している。成長過程である若年層では、過剰な脂質の摂取による肥満、欠食や無理なダイエット、ファーストフード嗜好等の食生活・栄養バランスの乱れ、味覚の退化など、それらによる健康への不安である。また、農水産物が消費者の手に届くまでには、輸送・加工・調理などさまざまな経路をたどるため、生産者と消費者の相互理解や情報伝達が閉ざされるようになっている。
　私たちの食生活と食材を生産している農林水産業の距離間が拡大する中で、BSEや鳥インフルエンザ、加工食品産地表示偽装の相次ぐ発覚、輸入冷凍野菜における基準値超過残留農薬など様々な問題が表れている。この結果、消費者は食品の安全性に疑問を持ち、不安を抱くようになった。
　このような食と第一次産業の距離の拡大により、「食」を生活の中で実感できなくなっている。生き物が収穫・漁獲され、食材として加工され、流通・販売されて食卓にのぼる過程で、食材が生き物であることを認識できない状

態にある。消費者が食材を生き物であると実感することが、この距離を縮める第一歩ではないか。

　生産者は、消費者が農林水産業の現場で食材を生き物として体感できるような「場」を提供することで、生産地域の現状を理解してもらう機会になるであろう。一方、消費者は、地域で生産される農水産物には何があるのか、その生産される過程や生産者の苦労等を知ることで、地域で生産される農水産物に対する不安も解消されると考える。さらに、食べ物やそれを生産してくれた人々に対する感謝の念も芽生えてくるのではないだろうか。

　本稿では、「ぎょしょく教育」を実施する際に使用した地域水産物等から、地域の「漁と食の乖離」の状況を、食システム[1]（個々の食料品についての生産から加工、流通、消費、廃棄物処理・再利用にいたるライフサイクル過程）のなかで明らかにし、食育活動を実践するうえでの流通（卸売、小売）の重要性について検討する。

2．漁業と食品産業の相互関係

(1) 産業連関表

　産業連関表は、国や県等ある一定地域の一定期間に行われた財やサービスについて産業間の取引をまとめた一覧表である。様々な産業が存在しているが、これらは個別に活動しているわけではなく、材料や燃料等の取引を通して各産業と緊密につながっている。したがって、調査対象年の産業構造や各産業間の連携、依存の関係を把握することができる。なお、当表は、5年ごとに作成されており、直近の資料は2005年3月30日に公表された「2000年愛媛県産業連関表」である[2]。

　そこで本章では、「2000年愛媛県産業連関表」を用いて、漁業と食品産業の連携や依存の関係を明らかにすることで、地域で生産された水産物とそれらを使用した食品の関連を検討する[3]。

提言編

(2) 漁業部門の販売先構造

　図1は、漁業部門で生産されたモノの販売先を示している。行方向上段（横列）は、2000年の愛媛県漁業生産額を表している。当年は、1,140億9,900万円の生産額である。列方向（縦列）は、漁業部門で生産されたモノの販売先とその販売額、漁業部門生産額に占める割合を表している。具体的にみると、漁業部門から漁業部門に50億8,500万円（4.5％）が販売されている。これは、漁をする際に生きた魚を餌にするシーンをテレビで見ることがあるが、一度水揚げされた魚が、今度は漁船漁業や養殖業の餌として販売されたことである。

　つぎに、食料品部門に332億6,000万円（29.2％）が販売されている。これは、水揚げされた魚が、練製品、煮干し、珍味等の原材料として水産加工会社に販売されたことである。飲食店部門に対しては、21億1,300万円（1.9％）であり、旅館その他部門へは、6億1,300万円（0.5％）である。

　漁業部門から家計消費支出部門に32億8,600万円（2.9％）が販売されている。これは、愛媛県で水揚げされた魚が、県内の家庭に販売された額を示している。さきに、食料品部門で加工された水産物が登場していることから、

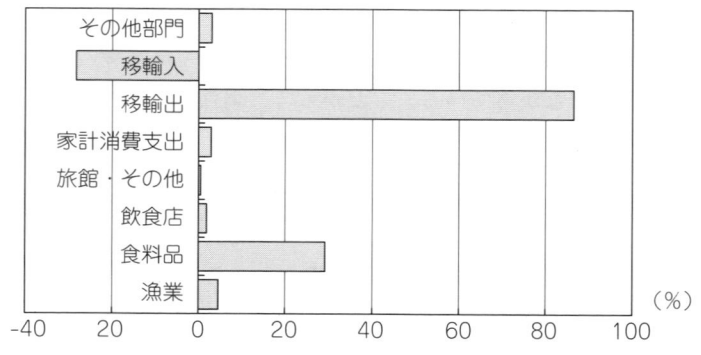

図1　漁業部門の販売先（2000年）
注：「2000年愛媛県産業連関表」2005年より作成

第8章 「ぎょしょく教育」と食システム

ここでは加工品は含まれない。したがって、鮮魚の状態に限られる。

さいごに、移輸出部門に986億6,500万円が販売されていることがわかる。移輸出は、愛媛県で水揚げされた魚が、他県に販売されたり、海外に輸出されたことを表している。一方、移輸入は、その逆で、他県から愛媛県に流通したり、海外から輸入されたことである。したがって、移輸入の場合は販売ではなく、購入であることからマイナス表示されている。

以上から、愛媛県の漁業部門では、県内生産額の29.2％が県内の食料品部門に販売されている。移輸出（県外）が88.5％であることから、愛媛県漁業生産額のじつに9割近くが県外へ流通していることがわかる。

(3) 家計消費支出の低下

図2は、「1995年愛媛県産業連関表」から、漁業部門の販売先構造を示している。2000年を基準に比較すると、生産額は1995年のときの70.6％、同様に漁業部門25.7％、食料品部門108％、飲食店部門121％、旅館その他部門142％、家計消費支出部門29.6％、移輸出部門78.8％、移輸入部門114％である。

2000年は1995年とくらべて、食料品、飲食店、旅館その他部門との連携

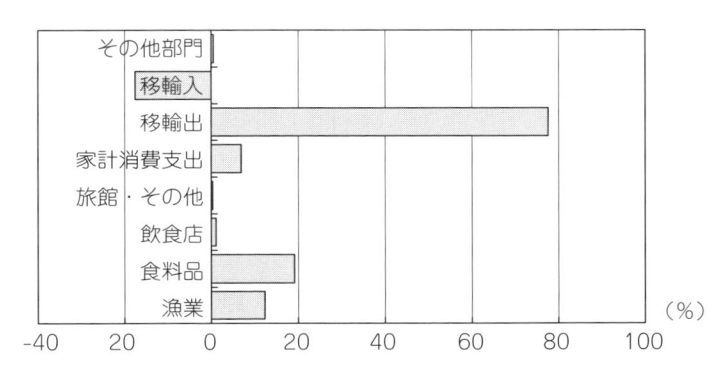

図2　漁業部門の販売先（1995年）
注：「1995年愛媛県産業連関表」2000年より作成

が増していることがわかる。これは、地産地消（地域で生産されたものをその地域で消費する）の考え方が徐々に浸透し、水産物を扱う会社や店舗でも意識されてきたからではないかと推察する。一方、移輸入部門の割合が約14％増加していることから、県内への供給力低下に拍車がかかっている状況である。特に、家計消費支出部門の落ち込みが激しく、深刻であるといえる。これは、家庭で鮮魚を購入する機会が著しく減少していることであり、さらに、家庭で魚を調理する機会が減少することにつながるといえよう。

　漁業部門以外ではどうか。家計消費支出部門に絞ってみてみる。耕種農業部門から家計消費支出部門への販売額における1995年対比は、71.6％である。畜産部門は92.2％、食料品部門は87.0％である。いかに漁業部門（29.6％）における減少が激しいかがうかがえる。畜産部門との比較は、精肉が小売店売場では調理しやすいように切身加工されていて、鮮魚のそれと状況が異なることから、単純に比較することはできないだろう。しかし、それにしても漁業部門における家計消費支出部門の大幅な減少は鮮明であるといえよう。

　以上のことから推察すると、スーパーやデパート等での弁当や惣菜に含まれる中食における魚介類の変化は明らかではないが、少なくとも家庭で魚介類が料理され、食卓にのぼることは減少している。5年前と比較しても1/3以下になっていると考えられる。

3．地域水産物と卸売市場の経由

(1) 産地の多様化

　本章では、卸売市場の鮮魚取扱いから、水産物の産地を検討する。水揚げされた魚は、卸売市場を経て、小売店や消費者のもとに届けられる。水産物と農産物が流通する経路で、大きく異なる点は、卸売市場である。農産物の場合、卸売市場といえば消費地にある卸売市場を指す。中央卸売市場等がそうである。水産物の場合は、この消費地卸売市場の前に、産地卸売市場が存在する。これは水揚地にある卸売市場で、ここから各地の消費地卸売市場に

第 8 章 「ぎょしょく教育」と食システム

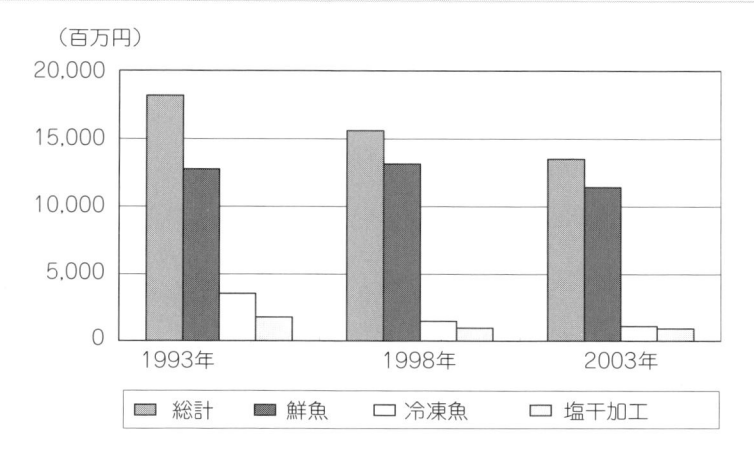

図3　松山市中央卸売市場の形態別取扱い推移
注：松山市中央卸売市場「市場年報」より作成

魚が流通する仕組みである。ここでは、消費地卸売市場の松山市中央卸売市場を取り上げる。

図3は、松山市中央卸売市場の形態別取扱い数量の変化を示している[4]。当市場は、取扱い総量に占める鮮魚の割合が86.1％であることから、鮮魚主体の市場である。魚価安傾向から金額ベースでは、10％減少しているが、数量ではほぼ同水準で推移している。

鮮魚の産地別取扱い金額（2003年）は、愛媛県が全体の約53％を占め、ついで大分（8.5％）、高知県（4.5％）の隣県両県の順である。その他は、各地に分散している状態である。鮮魚品目別の取扱い金額は、養殖タイ・タチウオ・フィーレ加工品等が上位を占めている。特に、養殖物のタイ、カンパチ、ハマチ、アジが多く、愛媛県の生産特性を反映している。大分県は養殖ブリ、ハマチ、イセエビ、クルマエビ、高知県からカツオ、マグロ、イワシ類が主に集荷されている。

冷凍品の産地別取扱い金額（2003年）は、インド洋、インドネシア等のアジア諸国からの集荷が上位を占めている。国内産地は、上位20位以内に、

提言編

北海道と静岡県があるのみである。輸入物への依存度の高さを示している。愛媛県産は、取扱い数量4,649kg（38位）で0.42％、取扱い金額3,147千円（43位）で0.28％となっている。

塩干加工品の産地別取扱い金額（2003年）は、愛媛県が最も多く、28.7％を占めている。ついで、北海道、兵庫の上位3産地で、全体の45％を占める。品目別は、塩サンマ、塩サバ、釜あげが上位を占め、これら3品目で全体の約1/3を占めている。愛媛県産で多い塩干加工品は、開きアジ、イリコ、チリメン、ゆでダコ、珍味加工品である。北海道は塩サケ、塩サンマ、塩カズノコ等の塩蔵魚類魚卵や干しスルメである。兵庫県から塩イワシ、塩サバ、ゆでイカナゴが集荷されている。

(2) 魚種別取扱いの動向

本節では、「ぎょしょく教育」基盤プログラムの調理で使用したマダイ、アジ類、カツオの取扱いについてみる。養殖ダイは、松山中央卸売市場で唯一1,000トンを越える取扱量を誇っている。しかし、近年の魚価安や大量へい死等が原因で、取扱い順位（2003年金額ベース）をタチウオに逆転されてしまった。1993年と2003年を比較すると、数量は約25％減少し、さらに金額は50％以上の減少である。

天然マダイは、養殖ダイと比較すると、取扱い数量では3倍以上の開きがあるものの、金額ではさほど差がない。これまでの価格の安さだけではない時代であることの証明でもある。しかし、天然マダイも、養殖ダイの大幅な価格下落に伴い、取扱い数量が10年前の2倍以上なっているにもかかわらず、金額は横ばいである。

アジ類は、愛媛県の主要魚類である。ゼンゴアジを除けば、県内産比率がいずれも70％以上と高い。シマアジは90％を越える高水準である。アジ類における取引の主流は、マアジと養殖アジである。マアジに占める県内産比率は80％以上と高い。県外産は、福岡県が最も多く、ついで高知県、広島県、長崎県、大分県と近隣各県によるものが多い。数量は、アジの旬の時期とさ

れる春から秋（4月～10月）にかけて、毎月30トン以上が取引されている。それ以外の時期でも20トン以上の取引がある。平均単価は、県内産のモノが他県産のモノより200～400円高い水準で取引されている。

養殖アジは、70％以上が県内産であり、残りは高知県からである。取引動向は、マアジの漁獲量が大きく関係している。マアジが豊漁となる春から秋にかけては、マアジの1/2から1/3の取引数量である。対して冬から春にかけては、マアジとほぼ同様の取引数量である。平均単価は、マアジよりも若干劣るものの、高知県産よりは約200円程高値で取引されている。マアジは漁獲量変動による価格変動幅が大きいため、平均単価において300円以上の差がつく。漁獲量が少ない養殖アジは、価格が高値で推移する冬から春にかけて取引割合が増加していると考えられる。シマアジは、県内産が大部分を占め、平均単価はマアジ・養殖アジの2倍以上である。いわゆる高級刺身用の食材である。

松山中央卸売市場に占める愛媛県産のカツオは75％以上と高い水準にある。しかも数量は、年々増加傾向にある。愛媛県産取引の動向は、「初ガツオ」と呼ばれる4月と5月の取引量が最も多く、「戻りガツオ」と呼ばれる時期の取引漁は「初ガツオ」の時期の約1/2程度である。愛媛県では、魚体が大きく、脂も良くのっている「戻りガツオ」をそれほど好まないようである。愛媛産以外では、高知県産が10年前と比べて約1/2以下に減少し、代わって鹿児島県産が増加している。また、冷凍カツオや冷凍カツオタタキは、その大部分が焼津から入荷している。

4．地域の水産物消費と利用

(1) 魚介類の購入状況

魚介類消費の目安となる家での購入状況を把握する。ここでは、「1999年全国消費実態調査」を用いる[5]。資料としては少し古くなるが、現在公表されている「2004年全国消費実態調査」では、県単位での把握ができないた

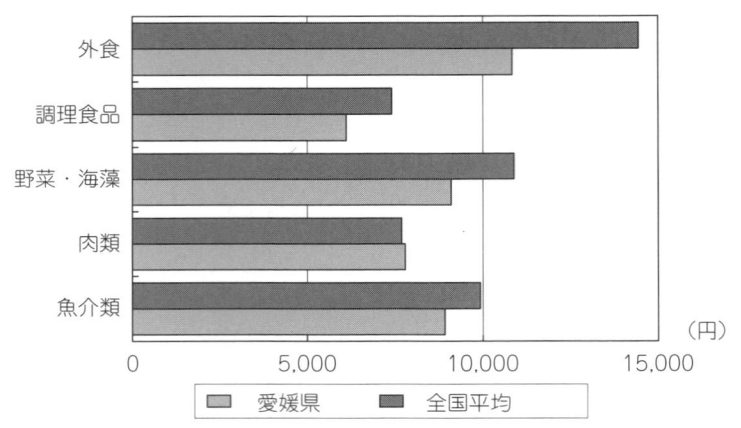

図4　品目別支出金額
注：「1999年全国消費実態調査・地域別」より作成

めである。図4は、2人以上の一般世帯における品目別1世帯当たり1ヵ月間支出を、魚介類、肉類、野菜海藻類、調理食品、外食の品目で、愛媛県と全国平均を比較している。愛媛県の特徴は、肉類の購入比率が高く、魚介類と肉類の支出比率が他県と比べて、比較的拮抗している点である。全国平均は、魚介類が9,927円、肉類が7,683円で、魚介類の支出が約2,300円多い。愛媛県の品目別支出金額の全国順位は、魚介類40位、野菜・海藻類42位、調理食品41位、外食39位と低位である。対して、肉類は16位と上位に位置している。隣県である高知県と比較すると、魚介類支出金額では、1,950円も少なく、支出比率も2.4％低い。逆に、肉類は支出金額で743円、支出比率で3.1％それぞれ高くなっている。

　魚介類をもう少し詳しくみると、全国順位で生鮮魚介41位、塩干魚介46位、魚肉・練製品1位である。構成比率をみると、生鮮魚介はほぼ全国平均に等しく、魚肉・練製品は全国平均の約2倍である。一方、塩干魚介は4％低い構成比である。ちなみに、高知県はほぼ全国平均に近い構成比であった。

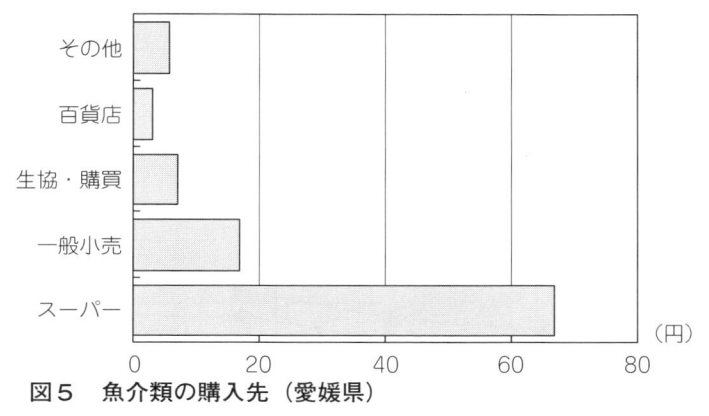

第8章 「ぎょしょく教育」と食システム

図5 魚介類の購入先（愛媛県）
注：「1999年全国消費実態調査・地域別」より作成

(2) 魚介類の購入先

　図5は、愛媛県の魚介類購入先を示している。これをみると、スーパーマーケットが66.8％ともっとも高く、ついで一般小売店が16.8％、生協・購買が7.2％、百貨店が3％、その他が5.7％となっている。これを全国平均と比較すると、若干一般小売店が低いものの、ほぼ全国的傾向である。ここで特筆すべきは、生協・購買での購入が比較的高く、百貨店では低い点であろう。また、その他が全国平均と比べて2倍近くあり、そのなかでも生鮮魚介が7.4％とさらに高い。このことは、県内各地の海岸沿いで行われている鮮魚朝市や道の駅等での購入ではないかと推察される。

　肉類の購入先と比較すると、肉類はスーパーマーケットが77.2％、一般小売店が12.8％、スーパーマーケットでの購入依存度が高い傾向にある。愛媛県では、肉屋さんよりも魚屋さんのほうが健闘しているだろう。野菜・海藻類と比較すると、スーパーマーケットが67.2％とほぼ同じで、一般小売店は12.2％と魚介類のほうが高くなっている。野菜・海藻類で注目すべきは、その他である。野菜・海藻類全体では10.5％、生鮮野菜に限っては13.9％と、八百屋さんを中心とする一般小売店を抑えて、スーパーマーケットに次ぐ購

(円)

```
10,000
 8,000
 6,000
 4,000
 2,000
    0
      生産者受取価格①  卸売価格②  仲卸価格③  小売価格④
                                              (円)
```

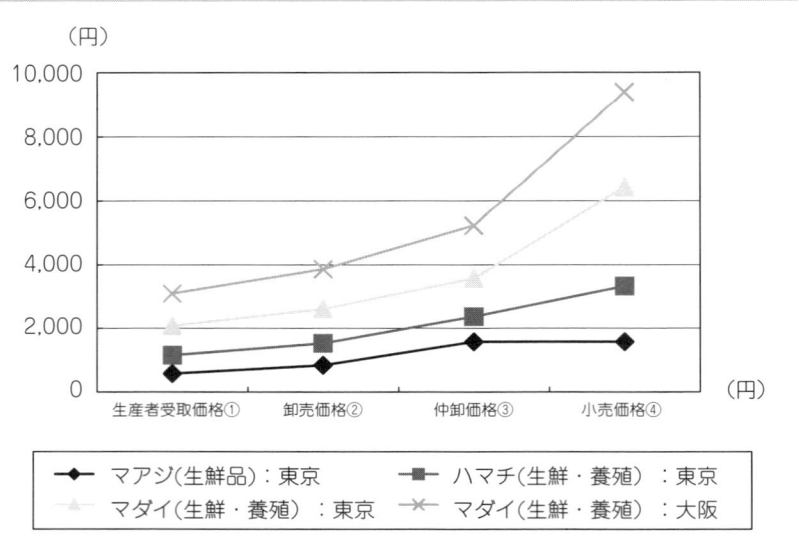

◆ マアジ(生鮮品):東京　　　■ ハマチ(生鮮・養殖):東京
▲ マダイ(生鮮・養殖):東京　× マダイ(生鮮・養殖):大阪

図6　小売価格に占める魚種別各流通段階別価格差（愛媛県産）
注：食品流通段階別価格形成追跡調査水産物調査(2001.10)より筆者作成

入先になっている。今後は、生鮮魚介・野菜について、その他の項目に対する詳細な調査・研究等が必要であろう。生鮮野菜については、近年道の駅や産直市等に対する調査や研究が進んでいる。しかし、愛媛県で魚介類購入先である産直市や鮮魚朝市に関する研究は、私が管見する限り、あまり進んでいないのが現状である。

（3）流通過程の価格差

中央卸売市場における農水産物の流通段階別価格差を検討する[6]。農林水産省の2002年青果物における食品流通段階別価格形成追跡調査によれば、大阪中央卸売市場（本場）における全価格比、つまり小売価格の生産者受取価格に対する比率は、主要青果物の大部分の品目で2倍を超えている。この開きの部分が、流通過程で生じた費用である。品目別には、だいこん2.48倍、はくさい3.43倍、きゅうり2.37倍、ほうれんそう2.39倍、たまねぎ2.31倍で

第8章 「ぎょしょく教育」と食システム

ある。だいこんの小売価格に占める各流通段階別価格差の構成割合は、生産者段階で40％、卸売段階で26％、仲卸段階で21％、小売段階で13％である。

図6にある鮮魚における調査（2001年）では、青果物以上に小売価格④の生産者受取価格①に対する比率は2.72倍から3.37倍とさらに大きくなっている[7]。消費地価格比も、マダイ・ハマチでは2倍を超えている。特にマダイは、仲卸価格③から小売価格④にかけて右肩上がりの角度が急激になっていることから、この間に価格の急激な上昇がおこっていることになる。

品目別では、マアジ（生鮮）小売価格（1,575円）に占める各流通段階別価格差の構成割合は、生産者段階（578円）で37％、卸売段階（262円）で16％、仲卸・小売段階（735円）で47％である。また、マダイ（生鮮・養殖）小売価格（3,109円）に占める各流通段階別価格差の構成割合は、生産者段階（922円）で30％、卸売段階（163円）で5％、仲卸段階（122円）で4％、小売段階（1,902円）で61％である。

中央卸売市場を介した広域流通では、生産者と消費者との間に大きな価格差が生じている。さらに、鮮魚は青果物よりも、その差が大きい。このような広域流通により生じた価格差を解消することも、地産地消により期待される。

(4) 学校給食の水産物利用

本節では、A市学校給食会作成の献立表（2001年度）から、学校給食で使用されている水産物食材の種類・使用回数等を分析し、その現状を明らかにする[8]。1年間で使用された総品目数は、57品目である。そのうち22品目は、削り節、ダシ用煮干し、昆布等で料理用ダシに使用されている。そこで、おかずの具材になっているのは25品目である。一例をあげると、ムキエビ、イカ短冊、ホキ角切、ホタテ貝柱、キハダマグロ角切、子持ちシシャモ等である。食材の形態は、角切、短冊、切身、ムキ身等で、直接調理が可能な形態である。浜焼きイワシや鮭レッドフライ、サンマ塩焼き、サバ味噌煮等のように、すでに調理された食品もみられる。水産物の納入形態は、その大部分

が冷凍、乾燥、調理済みで、生の状態で納入されている食材は細切昆布のみである。県内産の水産物を使用している食材は、チリメンと煮干しの2品目のみである。

　他の食材の使用状況をみる。米は、県内産を100％使用している。青果物で県内産を使用している品目は、タマネギ、キャベツ、ネギ、コマツナ等の8品目である。畜産物は、使用品目こそ20品目と水産物にくらべると少ないが、1品目当りの利用頻度が多い。また、鶏肉、豚肉、牛肉の生肉は、いずれも県内産を100％使用している。したがって、学校給食における県内産食材の使用は、水産物が最も遅れているといえる。

　水産物使用を推進する大きな要素は、主食である米飯の使用回数を増やすことである。これは、献立を作る際の参考となる食品構成表と関係がある。食品構成表によると、魚介類と小魚類を使用する際、パンと米飯のときでは、それぞれその使用量基準に差がある。小学校を例にとると、パン食で魚介類を使用する基準が14gであるのに対して、米飯で魚介類を使用する基準は23.5gである。小魚類では、パン食時が2.5g、米飯時が5gである。米飯時における魚介類や小魚類の使用量はパン食時に比べて、2倍の使用基準である。よって、魚介類と肉類の使用量は、米飯とパンの利用頻度にそれぞれ比例している。したがって、学校給食で米飯回数が増えることは、直接水産物の利用促進につながるが、パン食時には利用促進を図るのは難しい現状である。

5．おわりに

　本稿では、地域で水揚げされた魚介類が地域内で循環する程度が低くなっている状況、漁業生産が盛んな地域でも魚介類消費が少なく、地域の生産と消費がうまく結びついていない現状を、特に水産物流通の側面から述べてきた。産業連関分析で、魚介類の家計消費支出落ち込みを指摘した。卸、仲卸、小売の流通各者は、この落ち込みを解消しようと様々な努力をしている。しかし、『平成19年度水産白書』で指摘されているように、「魚離れ」を食い

止める長期的視野にたった方策が必要である[9)]。

　そこで、現在、当チームが実施している「ぎょしょく教育」を、ともに実践していこうではありませんか。家庭で魚の調理が行われていない事実を重く受け止め、幼児や児童だけでなく、その保護者も対象にする事が重要である。そして、この実践をいちばん担うべきは、水産物の生産と消費を介している流通であろう。その役割は、「魚」を中心にして、「人」「技」「場」「機会」「情報」を有機的に結び付けていくことであると考える。

　「魚」は、地域で水揚げされている魚である。ここには当然、「情報」が伴わなくてはならない。「ぎょしょく教育」の実践でカツオを使用した。しかし、愛媛県内の消費者は、愛媛県愛南町がカツオの水揚げ四国一であることを、まだまだ認識していないのが現状である。地域で水揚げされている魚が何であるか、「人」（消費者）は十分に認知していない。小売の「場」で、魚とその情報を得る「機会」を設けることが必要ではないか。その「機会」には、魚を捌く「技」や魚を料理するときの「技」を習得することも不可欠である。

　現在、卸売市場では、魚料理教室等の取組みがみられる。しかし、もっとも消費者と近い距離にある小売の「場」で取組みを拡大することが、生産者と消費者の「顔の見える関係」を構築していくうえで重要になると考える。

　全国消費調査の魚購入先で、道の駅や産直市、鮮魚朝市にふれた。筆者自身詳細に調査したわけではないため今後の課題ではあるが、これら施設や市では地元で水揚げされた魚介類が数多く陳列されていることから、「ぎょしょく教育」展開プログラムの取材や調べ先の「場」として活用できると考える。実際に、道の駅を拠点に活動する漁協女性部が、学校栄養士の要請に応じて、地元で水揚げされた魚を学校給食に提供している。食材を提供するだけにとどまらず、さらに発展させる形で、地域の漁業生産、水揚げされた魚の流通経路、魚の販売方法等の学習につなげることで、地域の生きた教材として活用することも必要であろう。

　「漁と食の乖離」の状況は、魚と人の距離が広がっていることも意味しているのではないか。家庭で魚を丸の状態から調理する機会が減少しているこ

とは、家庭で魚に触れる機会が減少していることでもある。また、川や海など自然のなかで魚に触れることもなくなってきている。したがって、生活の中で、魚を実感することが求められていると考える。生活体験から、魚に興味や関心を持つ工夫が必要になってくる。

注
1）久守藤男『LCA手法による飽食経済のエネルギー分析―和食と洋食を比較する―』㈳農山漁村文化協会、pp.18-22、2000
2）『2000年　えひめの産業連関表』、愛媛県、2005
http://www.pref.ehime.jp/toukeibox/datapage/sanren/sanren-pdf01.pdf
3）甲斐諭「フードシステムの改革による食農連携の創造」『東アジアにおけるフードシステムの交差』九州学術出版振興センター、pp.1-27、2004
4）松山市中央卸売市場『市場年報』松山市
5）『1999年　全国消費実態調査』総務省統計局、1999
http://www.stat.go.jp/data/zensho/1999/index.htm
6）『食品流通段階別価格形成追跡調査報告　2002年青果物調査及び水産物調査』農林水産省統計部編、2002
7）『食品流通段階別価格形成追跡調査報告　2001年水産物調査』農林水産省統計部、2001
http://www.tdb.maff.go.jp/toukei/a02smenu?TouID=G009
8）2001年度A市学校給食会作成献立表より筆者作成
9）『水産白書　平成19年度』、水産庁編、2007

（阿部　覚）

第9章 「ぎょしょく教育」と地域ビジネスへの展開
―マリンツーリズムによる活性化を目指して―

1. はじめに

　現在、地域漁業や漁村では、海洋環境や資源悪化による漁業生産の減少、魚価低迷による漁家経営の悪化、さらには高齢化の進行や後継者不足などで活力を著しく低下させている。国や地方自治体は、地域づくりや担い手づくりなどのさまざまな振興策を講じ、地域漁業の活力を取り戻すための努力がなされてきた。水産基本法や各種政策では、地域漁業・漁村の多面的機能を再評価し、新鮮な魚介類、豊かな自然環境、景観などの地域固有の資源を活用し、漁村地域の活性化を図っていこうとしている[1]。しかしながら、漁業地域では、高齢化や過疎化がより一層進行し、漁業の担い手不足だけではなく、消費圏としてのマーケットの縮小という問題にも影を落としている。

　地域漁業・漁村では、近年海洋レジャーとの連携やマリンツーリズム[2]（以下、略称してMTとする）・体験漁業によって都市住民との交流を図り、活性化につなげようと努力しており、実際に効果を上げている事例が出現しつつある[3]。余暇時間の増加、国民の「量より質」へと変化した価値観、自然志向のレジャーニーズなどを背景に、地域漁業がこれらの受け皿になっているといえよう。

　漁村地域の活性化には、やはり都会から人を呼び込み、そこで回遊させるという、いわゆるMTの視点が必要不可欠であろう。都市・漁村の交流によるビジネスには、直売所、海洋レジャー、漁村体験、漁家民宿などをセットにして点で存在するものを線につなげ、面として広げる必要がある。さらに

提言編

MTでの個々の取り組みは、地域が提供する製品・サービス・アイデアのコンテンツとして、それぞれが連携することでより強みを増す特性を持っているからである。

本稿では、愛媛県愛南町で培われてきた「ぎょしょく教育」という取り組みから得られたエッセンスを用いた。食育活動の展開、あるいは食育をビジネスとして活用することで漁業地域が活性化していくための方向性や方法について検討する。特に、食育ビジネスとしての担い手育成、体験・学習コンテンツづくりなどは、MTビジネスとの連携あるいはMTに包含されることによる相互強化関係に着目している。なお本稿では、「ぎょしょく教育＝水産版食育」という視点での分析を行うために特に水産業・漁村というエリアに限定する。

2．マリンツーリズムの現状と市場動向

(1) マリンツーリズム（MT）の位置づけ

水産庁では「ブルーツーリズム」として定義し、「島や沿海部の漁村に滞在し、魅力的で充実した海辺での生活体験を通じて、心と体をリフレッシュさせる余暇活動の総称」としている[4]。本稿では、グリーンに対するブルーという単純な呼称ではなく、もう少し具体的に「マリンツーリズム」とした。

さて具体的にMTとは、①活動的な海洋レジャー（するコト・遊ぶコト）としての遊漁（船釣り、岸釣りなど）、釣りいかだ、クルージング、体験ダイビング、シーカヤック、直売所での買い物などがある。②観光対応（見る・味わうコト）として、漁家民宿（船宿も含む）、魚食レストラン、遊覧船・グラスボート、観光定置網などである。③体験・学習・交流的要素が強いもの（学ぶコト）としては、体験定置網・地曳網、水産加工体験、市場体験、料理講習・教室、漁村生活体験など、があげられる。この担い手には、地域の漁協や漁業者グループ、高齢者・女性が主体となり、近年ではNPOなどを組織して取り組んでいる例も見られるようになってきている。

第9章 「ぎょしょく教育」と地域ビジネスへの展開

　これらは、地域漁業や漁業者個人が取り組み、経済的な利益の他に、やりがいや生き甲斐、都市住民との交流による賑わいの創出など、非経済的な効果も含まれている[5]。

(2) マリンツーリズム（MT）への漁業者対応と消費者ニーズ

　2002年度に実施された「都市と漁村の交流に関する意識・意向」（2002年度農林水産情報交流ネットワーク事業　全国アンケート結果）では、都市と漁村の交流ビジネスを展開する際に、漁村側が提供しうるシーズや意識、消費者側が求めるニーズ・意向などをまとめたものである[6]。

　本調査の興味深い結果としては、消費者側のニーズと漁業者側のシーズにミスマッチが生じていることであろう。例えば、図1のように消費者自身が漁村を訪問して行いたいこととしては、上位から「郷土食や地域の食材を用いた料理を味わうこと」、「特産品や新鮮な魚介類の購入」、「野外観察や浜辺

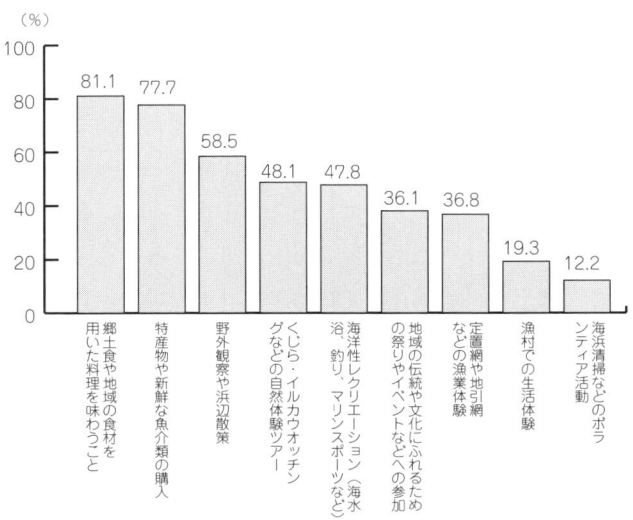

図1　消費者が漁村を訪れて行いたいこと

出所：農林水産省統計情報部「2002年度農林水産情報交流ネットワーク事業全国アンケート結果」2002年9月。

提言編

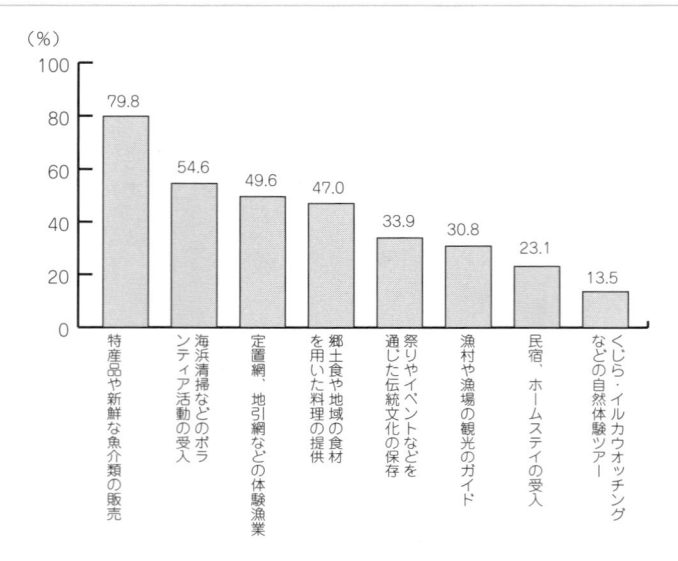

図2　漁業者が漁村に訪れてもらうために取り組みたいこと

項目	%
特産品や新鮮な魚介類の販売	79.8
海浜清掃などのボランティア活動の受入	54.6
定置網・地引網などの体験漁業	49.6
郷土食や地域の食材を用いた料理の提供	47.0
祭りやイベントなどを通じた伝統文化の保存	33.9
漁村や漁場の観光のガイド	30.8
民宿・ホームステイの受入	23.1
くじら・イルカウォッチングなどの自然体験ツアー	13.5

出所：農林水産省統計情報部「2002年度農林水産情報交流ネットワーク事業全国アンケート結果」2002年9月。

散策」となっている。これに対して図2の漁業者側が消費者のために関わりたい取り組みは、上位から「特産品や新鮮な魚介類の販売」、「海浜清掃などのボランティア」、「定置網・地びき網などの漁業体験」となっている。

　生産者側シーズと消費者側ニーズのマッチングを考えると、あきらかに都市と漁村の交流ビジネスについてギャップが生じていると考えられる。例えば、消費者が望む「郷土食・地域食材を味わえるコトや場」に対して、漁業者側が積極的に対応することでむしろビジネスとして成立する重要なポイントといえる。また「くじら・イルカウォッチング」に漁業者側はあまり積極的とはいえないが、実は消費者側には大きな需要があることもこの資料から分かる。近年、まことしやかに言われている「マーケットイン」（消費者を起点とした製品作りなど）の視点から捉えれば、自分たちの漁業や漁村には、すばらしい資源が埋もれているにもかかわらず、それらをマーケットにあわせて最適な形で利用できていないのである。

3.「ぎょしょく教育」の産学官連携の効果

(1)「ぎょしょく教育」に携わるアクターと効果

　愛媛県愛南町での「ぎょしょく教育」の詳細は実践編で詳解されているが、簡略すれば、座学は私たち愛媛大学関係者が実践し、調理は地域の水産関係者・魚食普及関係者などが対応している。実践の前には、地域漁業関係者や行政関係者から地域漁業や魚介類について「魚色」「魚職」「魚殖」「魚飾」の視点から詳細な調査・打合せなどを行っている。この打合せに関する効果としては、第一に、地元関係者との顔の見える関係が築かれることなのだが、この中には地元関係者同士の関係性まで含まれていることである。第二に、外部の人間（いわゆるよそ者）からすれば、とても特徴的な水産業や魚介類であったり、または地域独特の食が発見されたりすることである。打合せを重ねることが地域に眠っている地域では気づかれなかった資源が発掘され、より磨かれることになったのである。そして第三に、それらの地域として誇りの持てる資源を核にして、地域の多くの関係者が地域の水産業や魚介類などについて語りだし、そして地域の子どもたちに伝えていきたいと思うようなチームが形成されていくことであろう。

　すなわち、「ぎょしょく教育」への取り組みは、地域の多くの人々との交流と連携となり、より強固な産学官＋民の協働につながっていったのである。

(2)「ぎょしょく教育」とビジネス的要素

　ビジネスとしてぎょしょく教育をどのように展開するのかについて考えてみよう。ぎょしょく教育は、地域の食育を展開するための方法論やプログラム作りという基本的骨格を持っている。したがってビジネスとして捉えれば、「ぎょしょく教育」をベースにした地域独自の食育プログラムの立案、プログラムの提供、食育事業の実践やサポート、人材育成などが事業領域として設定できる。また、これらのプログラムは、漁家・農家民宿、漁協・農協、

開設市場、小中学校などにパッケージ商品（例えば、食育プログラムと実演者のセットで派遣など）として提供することも可能であろう。

　これは、まさしくMTのなかに包含されるコンテンツ群のひとつと見なせる。地域が主体となって地域の人々やツーリストに対する体験・学習サービスの提供というスタイルは、地域で取り組むMTの多様なコンテンツ群、地域住民とツーリストとの関係性を深めるなど、さまざまな効果が期待できる。

4．「ぎょしょく教育」のビジネスへの展開

(1) ビジネスモデルの詳解

　食育に関連するビジネスモデルを図３のように描いてみたので詳解しよう。図の中心には、地域で食育ビジネスを展開するNPOなどの事業体をおき、上部には地域漁業、流通関係者から食材、商材を供給してもらうという販売・仕入れの関係となる。また中心左側は、事業体が機関誌やネット上のHPを通じて広報活動やメールニュース、啓蒙・普及活動などのPR活動を示した。

　図の中心右側は、愛媛大学「ぎょしょく教育」研究推進プロジェクトチームを据え、地域食育関連の共同研究や連携協力関係を構築しようとしている。地域にはそもそも独自の関係性や歴史性の中で食育や育児などのよろず相談なども含めた活動を粛々と行ってきたグループも多い。これらの活動を拾い上げ、地域食育活動の中に組み込んでいくのも学識経験者、あるいはここで言うプロジェクトチームの役割だと考えている。

　事業体の直下には、事業領域をおき、①食育教育・実践教室など教室事業、②食育プログラム提供サービス事業、の２つを据えている。もちろん、ここに自分たちの能力とアイデアに基づいて、もっと多様な事業領域を設定することも可能である。

　この部分は、企業などの組織が事業展開する際の事業領域・存在領域などを設定する「事業ドメイン」といわれる部分にあたる。この事業ドメインを設定することについての意味は、自分たちの会社が展開する競争領域（ライ

第9章　「ぎょしょく教育」と地域ビジネスへの展開

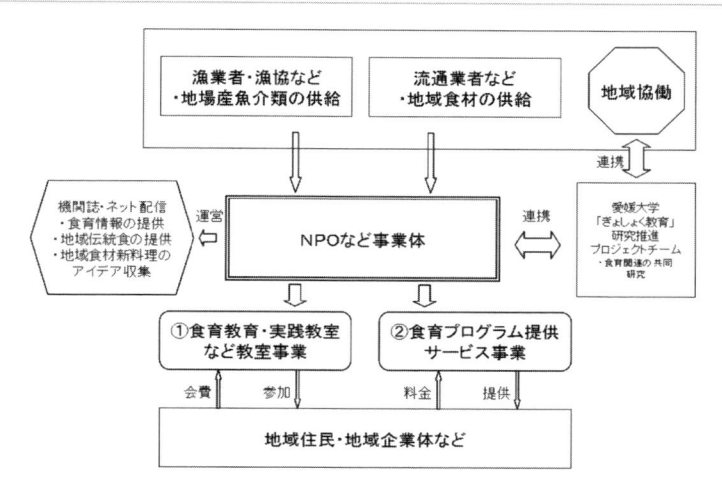

図3　地域食育ビジネスのモデル

バルとなる他社を浮き彫りにする）を明確にして、経営を展開していく際の資源投下先の焦点を絞ることなどのメリットがある。これは、事業主体が戦略を見誤らない、あるいは事業の軸がぶれないようにするなど、もっとも基本的なことを意味している。

　一般的に事業ドメインは、「どのような市場のどのようなニーズに向けて、どのような商品やサービスを展開するのか」という検討を行う。また、その他の検討課題としては、競合他社との比較分析などで製品差別化による自社の優位性、それらの特徴をより際だたせる市場の選択、収益規模や目標シェアの設定、などがある。

　この事業ドメインは、自分たちのやりたいことと自分たちの技術・スキルなどと照らし合わせ、なおかつ地域住民や企業体のニーズに見合ったものを設定することで、事業の永続性や規模の拡大など、経営として成立させるように努力していくことが重要である。

(2)　ビジネスとしての具体的な展開

　基本的には、事業を展開する直前に、事業体自身あるいは調査専門会社な

どを介して、自身の資源状況、市場の状況などを徹底的にリサーチし、それに見合った経営戦略を立案していく。しかしながら、これらの調査項目などに関しては、事業主体ごと、それらの規模・スキル・理念など、マーケットの対象・規模などによって、全く同一はあり得ない。以下では、これらの条件も踏まえながら、汎用性のある地域食育ビジネスの展開にむけたキーワードを示しておこう（もちろん、以下の項目を踏まえれば、確かな成功を約束する、ということではなく、その確率が高まるというだけのことである）。

　大前提としては、事業体がさまざまなことを背景にしながら事を起こそうという強い想いがあったはずである。一般的な企業や協同組合が存在のよりどころとする「定款」を定めているように、実は一個人がNPOやベンチャーを立ち上げようという場合も同じなのである。問題は、それを形・活字にするかどうか、顧客となる他者や地域社会に伝えようとするかどうか、である。

　この上で事業そのものの環境分析を行う必要がある。例えば、事業主体は、業界の特徴や市場の全体像を捉えながら、事業の魅力や可能性を統計データなどによって具体的数値で明確にするなどである。細かい項目としては、市場の規模（予想される顧客数）、市場の成長性（成長市場か、成熟市場か、衰勢・劣化市場か）などであろう。これと同時に、事業体は、競合する他社の状況、類似事業との比較などを把握しておくことも重要である。例えば、当該市場における自社の優位性あるいは弱みなどを、機能、コスト、生産性、PR、利便性、納期、デザイン、品揃え等によって把握すれば、自社の優位の部分をさらに伸ばし、そこで勝負するのか、あるいは弱みの部分を補強し、万全の体制を築くのか、など対策を講じることにも効率性が出てくるのである。

　事業体は、事業に関連する一連のものを事業コンセプトとしてまとめておくことも重要である。これは、「自身の有する資源を有効に活用しながら、誰のどのようなニーズに対して、それらの商品やサービスを提供するのか」ということを分かりやすく、インパクトのあるキャッチコピーやメッセージとして表現することである。本稿における地域食育ビジネスに関して言えば、

第9章 「ぎょしょく教育」と地域ビジネスへの展開

「安心・安全・新鮮を前提としながら、地域の伝統的食文化と多様性、これらを支えている地域の人々（特に女性達）などを支援し、活性化していくための事業である」などが考えられよう。

(3) マーケティング戦略

ここでは、マーケティング戦略の4P（製品・サービス、価格、流通、PR）をベースにして事業主体が描く戦略を具体的に検討・策定してみよう。先述の図にしたがいながら、マーケティング戦略の一般的な考え方を示すにとどめる[7]。

製品・サービス戦略は、他社・他所の同様な事業との差別化を図りながら、得られる効用、ネーミング、レベル別・年齢別・男女別などの細やかなカリキュラム設定などを検討し、提供する際のサービス形態、アフターなども含めて戦略を練ることになる。また②食育プログラムでは、使用する食材やそれらの教材パッケージ関係も含めて、原材料、部品の仕入れについて何をどこから、どれくらい仕入れるのか、さらに自社のサービス能力も含めて生産計画を立案する必要がある。

価格戦略に関しては、他社・他所の製品・サービスに比べて、値段を高く、あるいは安く、もしくは同程度に設定するかどうかなど、今後の自社の利益を左右する非常にデリケートな面を持っている。例えば、①食育教室事業や②食育プログラムでは、高価格戦略より低価格や一般的教室事業と同程度の方が固定客を獲得しやすいと考えられる。ここでは営利を追求するよりは、普及や食育に理解を示す人材育成に力点を置くことの方が重要な意味を持つと考えられるからである。

流通戦略は、いわゆる「製品・サービスをどのようにして消費者に届けるのか」なのだが、その本質は自分達の商品の価値を高めていけるルートやビジネスパートナー選びを考えることも含む。例えば①教室事業の設定としては、教室に足を運んでもらわないといけないという事情も勘案して、アクセスの問題や、駐車場代などにも配慮する必要があろう。また②プログラム事

業では、これらの食育事業に興味を示す、あるいは理解を示す流通業者、直売所、スーパー・生協等流通業者との産消提携などの連携が重要になってくると考えられる。

　PR戦略については、基本的には自社の商品を売れるように消費者に対してアピールしていくことだが、問題はその方法にある。例えば、このような食育事業全般については、行政などのバックアップなどがパブリックリレーションとしての効果を併せ持つ。またマスメディアなどが取り上げれば、パブリシティとして当該事業の信用まで付与してもらえるなどの効果が得られる。要は、さまざまな媒体との連携やサポートによって、食育という半公共財的な部分を積極的にアピールすることが重要と考える。

5．食育ビジネスとMTとの融合

　食育ビジネスが、事業単体で利益を上げ、ビジネスとして成立できるかというと、現状では難しいと言わざるを得ない。それよりは、地域で展開するMTなどの一つのコンテンツとして展開し、あるいはさまざまなコンテンツの独自性を際だたせるなどの抱き合わせ的発想が重要であろう。

　例えば、2の(2)で述べたように、漁業者側シーズと、消費者側ニーズにギャップが生じていることを示した。消費者側が「郷土食や地域の食材を用いた料理を味わうこと」を求めているのに、漁業者側の関心は4番目と低い順位になっている。漁業者側が考える新鮮な魚介類の販売など、全く見当違いを示しているわけではないが、消費者側が求めているニーズを今一度確認し、検討することも重要と考える。例えば、直売所が全国各地に展開する昨今の状況を見れば、もう少し特徴を持たせることも重要なポイントになる。この特徴として考えられるのが、「本物体験」として「食育」との組合せが有効なのではなかろうか。

　㈶都市農山漁村交流活性化機構のグリーンツーリズムレポート（2004年）によると、次のような問題点を指摘している[8]。第1点として、農山漁村の

地域伝統文化や地域特産品（食文化）も地域の大きな魅力を形成しており、地域が主体となった取り組みとともに、都会からのノウハウをとり入れて行う必要があることを指摘している。つまり、農山漁村地域の有するさまざまな食文化や資源が、ビジネスコンテンツになり得ることを示しているのだが、併せてそれらにマッチさせるように都市部の消費者とともに開発するのも一つの方法であることを示している。さらに、本レポートでは、地域伝統文化や食文化の担い手としての女性の役割を非常に重視しており、地域の活性化への意欲ある女性の参入障壁（伝統的慣習による女性の社会進出のしづらさ）を改善するなどの措置が必要である。

　第２点としては、農山漁村で取り組まれている直売所、レストラン、農林漁業体験民宿などのサービスを基本としたビジネスが、地域の所得・雇用の機会創出につながっていることと、これらには地域ぐるみの取組み（地域経営）としてコミュニティビジネスにつなげていく必要があると指摘している。

　その他にも参考にすべき多くの項目があるのだが、特に重要だと思われる点について引用という形で紹介したい。「農山漁村における歴史・文化・産業は、農林水産業とのつながりが深く、なかでも、食文化（郷土料理・食材）は、地域の新鮮な農林水産物（食材）を活用して地産地消による地域独特の味をもった食品（特産品）を創り出している。また、その技術は農村の女性や高齢者に脈々と受け継がれており、永年の知恵と経験により健康と長寿の秘訣を内蔵している。また、グリーン・ツーリズム等都市住民との交流において訪れる人の心を癒してくれる地域の食べ物として大きな魅力となっており、地域の食文化から生まれた産業も各地で見受けられる。さらに、郷土料理は、栄養学的に見ても三大要素に加えビタミンやミネラル、食物繊維等のバランスがよく、その調理法や味付けも工夫されており、カロリーも低めに抑えられているなど健康面でも注目されている」。このように、農山漁村の「食」は、食育ビジネスに関する大変重要な要素を含んでいることが理解できよう。

　また「地域文化を守り育てていくためには、まずその背景や実態を知り、それを継承し広げていくことが求められるが、過疎化・高齢化の進行やライ

フスタイルの変化、家族のコミュニケーションの希薄化などにより地域文化を継承することが難しくなっている事例もみられている」。つまり、地域の有志たちによる食育事業の展開が、現代的な問題を克服する大きな原動力になることを示しているのである。さらに、「グリーン・ツーリズムやむらづくりの中で大きな役割を果たしてきた食文化や地域産業の伝承・復活を果たしていくためには、都市住民（顧客）とのコミュニケーションを密にし、相互の提案の中で、これらを維持・発展させていく必要がある。また、このような活動を通してこれらを継承する人材や組織の育成を図っていくことが重要である。」としている。

6．おわりに

　本稿では、食育に取り組むことによって、地域内でさまざまなノウハウが蓄積され、それらをもとにどのように食育ビジネスにつなげていくのか、そしてマリンツーリズムとの融合が地域の将来、活性化にも貢献するであろうと言うことについて述べてきた。

　同町での実践を重ねてきた「ぎょしょく教育」で見えてきたいくつかのポイントは、地域の人材で地域のために「ぎょしょく教育」を展開できるだけの実力がついてきたことである。またこれらの取り組みは、単一の組織や個人で実践するのではなく、地域全体で醸成していきながら、やがて「協働」の意識が芽生えたことであろう。今後は、これらに携わった人材や、皆で作り上げてきたコンテンツに磨きをかけ、地域のすばらしい食材を地域の人々に愛されるような仕掛けとして「地域食育協働システム」を地域ビジネス・コミュニティビジネスとして考えていかなければならない段階に来ている。

　また、ぎょしょく教育の成果としては、高齢者・女性の方が講師役として機能していることである。先述したGTのレポートにもあるように、私たちの取り組みでは高齢者や女性達が地域社会で活躍する場を創出することが可能であることを証明した。リタイアした漁業者、漁業者の妻、漁協の女性部

などの人材を登用することで、新たなる雇用の創出だけではなく、彼ら・彼女たちが持つ暗黙知・経験知をビジネスコンテンツとして活用することにもつながる。彼ら・彼女たちの持つ暗黙知・経験知を形式知として後世に伝えるだけではなく、彼ら・彼女たち自身が食育のコンテンツとして重要な素材なのである。

　さらにMTのようなサービス商品は、必ず人を介し、有形無形の満足を消費者に提供している。地域に住む人は、培われてきた暗黙知・経験知や他愛もないアイデアをもち、商品化する資力・努力・労力を提供するだけでなく、笑顔でのおもてなしなど地域にとって何物にも換え難い財産なのである。地域に再びツーリスト達を還流させるために必要なのは、これらの「笑顔でおもてなし」にまさるものはないのかもしれない。

　これらの前提の上で、私たちは食育に携わる人々には、食材としての実費はもちろん、労力や知識・技術に見合った賃金が必要であるとの立場をとる。食育は、地域の新鮮で安全な食材を子どもたちに食べてもらう、大変すばらしい取り組みなのだが、これらを担う人々が家庭を犠牲にし、自身の子どもたちに対しておろそかになるのでは本末転倒である。少なくともこれらの活動に参加する担い手達には、拘束される時間あたりの労働（講述、レクチャー、知識、技術）への対価は当然であり、地域食育協働システムを持続可能なものにするには、それに携わる人材にも注意を払う必要がある。

　成功事例の多くは、地域に陳列する商品やサービスを「コンテンツ」としてとらえ、洗練しながら意図的に作りだしてきた。これらの地域では、コンテンツを洗練することで、訪問客にとって他とは違う楽しみ、喜びを見出し、もう一度訪れたいと思わせることに成功している。重要なのは、美味しい・楽しい・面白い「コト」を優良なコンテンツとして企画し、「場」に人を呼び込み、意図的に創出された「モノやサービス」を売る・提供する、というようにビジネスライクに考えているのである。ここでの「意図的」とは、綺麗に、格好良く、美しくだけではなく、参入するマーケットや消費者の意識・嗜好・年齢などを考慮してTPOを考えて提供することである。

本稿では、地域の人々が、食育ビジネスとして消費者ニーズに合わせた自地域の最良のモノを、最適なコトや場で提供し、なおかつMTによって地域全体でそれらを醸成していくことを提案した。これが漁村のファンをつくり、リピーターがサポーターになっていくことになり、漁村地域の再評価ひいては水産業の活性化につながっていくと考えられる。

参考文献および脚注
1）水産庁では、水産基本法などで漁村の多面的機能の活用にツーリズム等を位置づけているが、他の省庁でも中山間地対策、過疎地対策などにグリーンツーリズム政策を援用しようとしている（例えば、総務省自治行政局過疎対策室『2002年度版過疎対策の現況について（概要版）』など）。
2）水産業版グリーンツーリズムとして、水産庁ではブルーツーリズムと称している。
3）例えば、磯部作「海のツーリズムと漁協―海のツーリズムに対する漁協と漁業者の対応と取り組み―」『地域漁業研究』40(3)、pp.1-12、2000や鳥居享司・山尾政博「海域利用調整と漁業―海のツーリズムからのインパクト―」『地域漁業研究』38(3)、pp.145-161、1998年、鳥居享司・山尾政博「漁村社会における体験学習と地域資源の利用へのインパクト―愛知県篠島における取り組みを事例として―」『地域漁業研究』41(2)、pp.133-148、2001など。
4）国土庁地方振興局離島振興課・特別地域振興課、水産庁漁政部企画課・漁港部計画課『ブルーツーリズム推進のための手引き書』p.6、1999。
5）日高健「産地直売所（朝市）による活性化」『都市と漁業―沿岸域利用と交流―』成山堂書店、pp.95-118、2002。
6）農林水産省統計情報「都市と漁村の交流に関する意識・意向」『2002年度農林水産情報交流ネットワーク事業　全国アンケート結果』統計情報部、平成14年9月5日公表、取得日2007年12月8日（HP：http://www.maff.go.jp/j/finding/mind/pdf/toshi-gyoson2002.pdf）
7）ここでは、個別の事情やビジネスプランごとに策定要件が異なるために、マーケティング戦略の一般的な考え方を示す。
8）㈶都市農山漁村交流活性化機構『都市と農山漁村の共生・対流推進会議　グリーン・ツーリズム専門部会中間報告』2004年11月、情報取得日（2007年12月11日）、HP：http://www.kyosei-tairyu.jp/about/activities/green_tourism.pdf

（竹ノ内徳人）

あとがき

　2007年の師走、京都の清水寺において「偽」という漢字が達筆で書かれた。これは、年末恒例の、日本漢字能力検定協会の募集で選定された「今年の漢字」で、この１年間を象徴する一文字である。確かに、食品「偽」装が頻発した。チョコレートやシュークリーム、餅、地鶏、牛肉、牛肉コロッケ、めんたいこ、ウナギなど問題となった食品の枚挙にいとまがなく、産地や原材料、賞味期限などの偽装表示が相次いだ。ちなみに、第２位は「食」であったという。とにかく、2007年は、私たちにとって、身近で、かつ、重要な「食の安心・安全」が脅かされた一年だった。これは由々しいことであり、抜本的な対策と企業のコンプライアンスが求められる。

　そうそう、恒例と言えば、毎年、寝正月と決め込んでいる私にとって、年末のNHK紅白歌合戦とともに、お気入りの新春恒例番組がある。それはテレビ朝日系の「芸能人格付けチェック」という番組である。今年は「これぞ真の一流品だ！　2008お正月スペシャル」というサブタイトルも付いていた。伊東四朗と浜田雅功の司会で、ゲストの芸能人が見たり、聞いたり、食べたりして、高級品と二流品を当て分けて、ゲストを一流から最低までに格付けするゲーム番組である。そのなかで、目をひいたことがある。司会の伊東も、格付けマイスターとして、これまでタイ料理の識別に再三、挑戦してきたが、連敗続きのようだ。以前の挑戦が天然ダイと養殖ダイの刺身の食べ比べであったが、美食家の伊東は天然ダイを当てることができなかった。そして、今年、アイマスクをして試食した伊東は、天然タイとその代用魚ティラピアの２種類の鍋に挑戦したが、またもや、残念な結果に終わった。「今度、俺、女房にティラピアを買ってきてもらう」と諦めのコメント。これらのエピソードから、タイなど養殖魚に関わる天然神話の崩壊、さらには、人間の味覚の曖昧さ、現代人の脂・こってり嗜好の強さが裏付けられよう。私は改めて、食育、ひいては、「ぎょしょく教育」の重要性を感じ、今後も食育活動を推

進していくべきだと意を強くした次第である。

　さて、本書は、私たちの愛媛大学「ぎょしょく教育」研究推進プロジェクトチームが2005年10月から2007年3月までの間に愛媛県愛南町で実践してきた「ぎょしょく教育」の活動を取りまとめたものである。私たちの取り組みは、まだまだ、試行的・実験的な局面も多々あり、完全なものではない。本書は、あくまで、中間報告的な意味合いが強く、読者の皆さんから忌憚のない御意見や御感想を賜り、それらを糧に、より完成度の高い実践と研究にしたいと考えている。皆さんの叱咤激励をお願いしたい。

　本書の冒頭では、「地域からのメッセージ」として、愛南町の谷口長治町長、愛南漁業協同組合の濱田伊佐夫組合長のおふたりから、暖かい応援エールをいただいた。御礼を申し上げるとともに、今後も気を引き締めて、「ぎょしょく教育」を推進したいと思っている。なお、本書に掲載した写真については、原則として、関係者の承諾を得たものであり、皆さんに感謝したい。

　2007年度も、愛媛県内外の各地で講演や実践報告を行い、そして、「ぎょしょく教育」の実践も行った。愛南町では小学校のほか、保育所でも「ぎょしょく教育」が推進された。それらのなかには、私たちが完全に後方での支援に回り、地域の行政や学校が主体的、かつ、自発的にプログラムを展開し、まさに、地域協働が推進されたケースもあった。それから、愛南町に隣接し、南予地域の中心都市である宇和島市でも、「ぎょしょく教育」を実践し始めた。このように、「ぎょしょく教育」は、質的、地域的なレベルで進展したわけで、今後、さらに地域との連携〜協力〜協働を図っていきたい。それで、2008年4月、愛媛大学南予水産研究センターが愛媛県愛南町に設置されることになっている。そこで、私たちは、基幹的なスタッフとして「社会科学部門」を担い、「ぎょしょく教育」もセンター事業の中核の一つとして位置付け、地域協働を図っていくつもりである。

　これまでの私たちの調査研究・実践活動に関して、以下のような助成を受けた。私たちの趣旨や取り組みに深い理解と暖かい支援を賜った各団体に対して、記して感謝したい。

あとがき

① ㈶農山漁村文化協会：2005年度食育実証研究助成事業「「ぎょしょく教育」プログラム開発に関する研究」（研究代表者：若林良和）
② ㈶トヨタ財団：2005年度地域社会プログラム助成金「地域社会連携を基盤とした「ぎょしょく教育」の実践活動」（代表者：若林良和）
③ 農林水産省：2006年度民間における食育活動促進支援事業「「ぎょしょく教育」ツール開発と地域社会協働マニュアル作成」（事業代表者：若林良和）
④ 愛媛大学地域創成研究センター：2006～2007年度重点研究「愛媛県南予の地域振興：地場産業とまちづくり」
⑤ 愛媛大学：2007年度地域連携プログラム「「ぎょしょく教育」による地域資源の発掘と地域社会の協働化」（研究代表者：若林良和）
⑥ 愛媛大学地域創成研究センター：2007年度登録団体（えひめ農林水産業育み研究会）活動支援（団体代表者：若林良和）

それから、今回、筑波書房での出版を勧めてくださったのは、本学の農学部を今春、定年退職される村田武先生（九州大学名誉教授）である。紹介の労に感謝し、本書にも御退職の餞（はなむけ）の意味を込めつつ、今後、村田先生の益々の御健勝と御活躍を祈念したい。

なお、本書の出版に際して、筑波書房の鶴見治彦さんには大変、お世話になった。まず、当初の企画段階では、筑波書房ブックレット「暮らしのなかの食と農」シリーズでの出版予定であったが、単行本としての出版を勧めてもらった。そして、編集段階でも、鶴見さんから絶大なバックアップを受けた。プロジェクトチームの代表者として、編著者として、衷心から御礼を申し上げたい。なお、当初予定のブックレットについては、本書の姉妹本として、私が単独で、別途、これまでのカツオ産業文化研究を踏まえて、『カツオと「ぎょしょく教育」』（仮題）で出版することになっている。

2008年を迎えたなかで、食育を、単なるブームで終らせることなく、堅実で持続可能な活動を通して教育のスタンダードにしたいと、私は思っている。そのことを私は改めてプロジェクトチームのメンバーと話し合ったとこ

ろだ。気を引き締めて取り組んでいきたい。そして、本書が日本の食育活動に少しでも資することができれば、望外の喜びである。

2008年1月

編著者　若林良和

参考資料

〈文献〉

秋谷重男『増補　日本人は魚を食べているか』北斗書房、2007
阿部覚・中安章・若林良和「学校給食における水産物利用の意義と課題―愛媛県を事例にして―」『地域漁業研究』45（2）、pp.197-212、2005
阿部覚「愛媛県における水産物流通の問題点とその方途」『地域創成研究年報』第1号、pp.51-65、2005
阿部覚・若林良和・竹ノ内徳人「「ぎょしょく教育」の概念と意義～水産業における食育の方途を求めて～」『地域漁業研究』47（1）、pp.1-18、2007
阿部覚「特集　子どもを魚好きにするには　「ぎょしょく教育」の実践1〈講義編〉魚のすべてを理解する」『学校給食』58、pp.30-33、2007
家森幸男『110歳まで生きられる！　脳と心で楽しむ食生活』日本放送出版協会（生活人新書231）、2007
石毛直道・井上忠司・本間千枝子『食と人生―84の物語り―』農文協、2001
井上勝六『脳で食べる』丸善、2007
岩村暢子『変わる家族　変わる食卓』新潮社、2003
岩村暢子『普通の家族がいちばん怖い　徹底調査！　破滅する日本の食卓』新潮社、2007
魚柄仁之助『うおかつ流　大人の食育』合同出版、2006
NHK放送文化研究所世論調査部編『崩食と放食』日本放送出版協会（生活人新書205）、2006
江原絢子編『食と教育』ドメス出版、2001
愛媛新聞メディアセンター編『伊予路に響く唄』愛媛新聞社、p.80、pp.106-109、2006
愛媛大学「ぎょしょく教育」研究推進プロジェクトチーム『ぎょしょく教育　実践マニュアル』、2007
大村省吾・川端晶子編『食教育論　豊かな食を育てる』昭和堂、2005
甲斐諭「フードシステムの改革による食農連携の創造」『東アジアにおけるフードシステムの交差』九州学術出版振興センター、pp.1-27、2004
川端晶子・淵上匠子編『おいしさの表現辞典』東京堂出版、2006
金丸弘美『子どもに伝えたい本物の食』NTT出版、2006
金丸弘美『食の未来の先駆者たち　食文化再生、食育、そしてスローフード』コープ出版、2007
金丸弘美『創造的な食育ワークショップ』岩波書店、2007

口羽章子・玉川和子編著『食に関する指導の展開と実践』東山書房、2001
久守藤男『LCA手法による飽食経済のエネルギー分析―和食と洋食を比較する―』
　㈳農山漁村文化協会、pp.18-22、2000
熊倉功夫『日本料理の歴史』吉川弘文館、2007
黒岩比佐子『食育のススメ』文藝春秋（文春文庫612）、2007
河野直践『新協同活動の時代』家の光協会、2007
古谷千絵『食育現場からのメッセージ―自治体、学校そして家庭に伝える食育推
　　進のヒントと課題―』ぎょうせい、2007
産経新聞「食」取材班『亡食の時代』扶桑社、2007
下村尚子『食の力』どりむ社、2007
水産庁編『水産白書　平成18年版』農林統計協会、2007
鈴木善次監修　朝岡幸彦・菊池陽子・野村卓編著『食農で教育再生―保育園・学
　　校から社会教育まで―』農文協、2007
鈴木延枝『身につけよう！　日本の食の習わし』ロングセラーズ、2007
高崎経済大学経済学部監修　岸田孝弥・武井昭編『新地場産業に挑む　生活と経
　　済の新結合』日本経済評論社、2006
高島賢「『食育文化都市』御食国若狭おばまの生涯食育」『食育活動』1、pp.50-77、
　　2006
武見ゆかり編著『「食育」ってなに？』コープ出版、2007
服部幸応・三国清三『味覚を磨く』角川書店（角川oneテーマ21　C-124）、2006
橋本直樹『日本人の食育』技報堂出版、2006
堀内幹夫『魚で食育する本』商業界、2007
福田靖子編著『食育入門　豊かな心と食事観の形成』建帛社、2005
藤沢良知『図解食育　ほしいデータがすぐ見つかる！』全国学校給食協会、2007
藤沢良知『食育の時代　楽しく食べる子どもに』第一出版、2005
文部科学省『小学校学習指導要領解説　社会編』日本文教出版、1999
中田哲也『フード・マイレージ』日本評論社、2007
中村修編著『食育実践プログラム』家の光協会、2007
中村丁次・田中延子監修　成瀬宇平・中丸ちづ子・久野仁・日毛清文編『食育指
　　導ガイドブック』丸善、2007
西田吉房『海人よしふさの幸せになる食卓』四海書房、2007
西森善郎「地域密着型学校給食が地域の「食の架け橋」を創る―南国市の食育10
　　年の歩み―」『食育活動』2、pp.52-59、2006
西日本新聞社「食くらし」取材班『食卓の向こう側⑩　海と魚と私たち』西日本
　　新聞社、2007
日本フードスペシャリスト協会編『改訂　フードスペシャリスト論』建帛社、
　　2007
農政ジャーナリストの会編『「食育」―その必要性と可能―』農林統計協会
農林水産省『ジュニア農林水産白書―「ぼくらの大地・森・海の恵み」』農林水産省、
　　2006
農林水産省『いちばん身近な「食べもの」の話』農林水産省、2005

農林水産省統計部編「食品流通段階別価格形成追跡調査報告　平成14年青果物調査及び水産物調査」農林水産省、2002
野崎賢也「特集　子どもを魚好きにするには　「ぎょしょく教育」の実践2〈調理・試食編〉　魚に楽しく親しむ」『学校給食』58、pp.34-38、2007
松山市中央卸売市場「市場年報」松山市
文部科学省初等中等教育局『体験活動事例集』ぎょうせい、2003
安井孝「地産地消・有機農産物の学校給食」中島紀一編『いのちと農の論理』コモンズ、pp.90-104、2006
柳原一成・紀子『ニッポンの縁起食』日本放送出版協会（生活人新書223）、2007
若林良和「特集　子どもを魚好きにするには　「ぎょしょく教育」のすすめ―その背景と必要性―」『学校給食』58、pp.26-29、2007
若林良和「「魚」をテーマに食育！　学校・家庭・地域が盛り上がる「ぎょしょく教育」プログラムの授業実践」『食育活動』5、pp.60-67、2007
若林良和「愛媛県南予地域における地域動向と地域漁業の特性―愛南町を事例とした地誌的な把握―」『地域創成研究年報』2、pp.88-97、2007
若林良和・阿部覚「「ぎょしょく教育」の実践は何をもたらしたか　水産分野における食育の重要性と成果を検証―愛媛県を事例として―」『農林経済』9835、pp.2-6、2007
若林良和「「ぎょしょく教育」でカツオを知る！」少年写真新聞社『給食ニュース』1380、pp.1-2、2007
「特集　食育で学校が変わる」『食農教育』59、農文協、2008

〈HP〉

農林水産省ホームページ
　　http://www.maff.go.jp/
『知恵の輪』ホームページ
　　http://mweb.jrscomware.com/tie/default.asp
全国漁業協同組合連合会ホームページ
　　http://www.zengyoren.or.jp/
『2000年　えひめの産業連関表』、愛媛県、2005
　　http://www.pref.ehime.jp/toukeibox/datapage/sanren/sanren-pdf01.pdf
『1999年　全国消費実態調査』、総務省統計局、1999
　　http://www.stat.go.jp/data/zensho/1999/index.htm
『食品流通段階別価格形成追跡調査報告　2001年水産物調査』、農林水産省統計部、2001
　　http://www.tdb.maff.go.jp/toukei/a02smenu?TouID=G009

索引

あ

愛なんブランド……42
栄養指導……27
卸売市場……44〜45, 49, 59, 64〜65, 69〜70, 112, 128, 137

か

解体実演……52〜56, 68, 114
顔の見える関係……69, 124, 137, 143
価格戦略……147
家計消費支出……126〜128, 136
カツオ……3, 20, 28〜29, 33, 35, 42〜43, 47〜50, 52〜56, 58, 60, 64, 67〜69, 80〜81, 92, 111〜112, 114, 116, 119〜120, 129〜131, 137, 155
学校給食……4, 18, 24, 57, 102, 113, 135〜137
カードゲーム……5 ,72, 77〜80, 82〜85, 107
基盤プログラム……5, 41, 43, 45, 59, 68〜70, 76, 89, 91〜94, 97, 100, 130
教育課程……30, 33〜36
教育コンテンツ……108, 118
教育的効果……5
協　働　……11〜12, 41, 72, 76, 85, 91, 95, 100〜102, 114, 121, 143, 150, 154
協働参画型社会……121
郷土料理……34〜36, 45, 51, 53〜54, 56〜57, 72, 78〜79, 114〜116, 118〜122, 149
魚触……28〜30, 32, 46, 48, 58, 69, 110〜112, 118
魚色……28, 30〜32, 43, 46, 53, 68〜69, 120, 143
魚職……28, 32〜33, 44, 46, 48, 54〜55, 68〜 69, 121, 143
魚殖……28, 32, 34, 44, 46, 143
魚飾……28, 34〜35, 50, 57, 67, 115, 120, 143
魚　食　……3〜4, 18, 24, 27〜28, 34〜36, 57, 67, 93, 108〜109, 115, 118, 120
魚食普及……27, 35, 108
「ぎょショック」……72, 77〜83, 85〜86, 107
県魚……49〜50, 119
現場主義……113
校外学習……43, 59〜60, 64
五感……37, 48, 112〜113

さ

「魚嫌い」……21, 23, 25, 30, 36, 110
「魚離れ」……3, 5, 17〜20, 23〜24, 26, 77, 83, 117〜118
産業連関表……125
産地直送……53
事業コンセプト……146
事業ドメイン……144〜145
事業領域……143〜144
実践的効果……108
実践マニュアル……72, 75〜77, 85, 101
主意主義……113
旬……24, 74〜75, 80, 130
循環型社会……32, 121
食育基本法……18
食育推進計画……4, 18
食育ツール……78
食育ビジネス……140, 144, 148〜150, 152
食システム……5, 124〜125
食事バランスガイド……76, 78〜79, 82, 84
食生活……3, 5, 17〜18, 22〜24, 30, 33, 52〜53, 73〜75, 78, 98, 115, 118〜119, 124
食の外部化……17, 25
食品表示偽装……17

161

食文化……17～18, 24, 35, 118～119, 121, 124, 147, 149～150
食料自給率……17, 23, 52, 78, 107
人材育成……122, 143, 147
水産白書……4, 18～19, 21～22, 115, 122, 136
水産版食育……4～5, 23～24, 72, 76, 85, 121, 140
水産物流通……5, 23, 36, 124, 136
生活習慣病……17, 31
製品・サービス戦略……147
セリ……44, 49, 59, 65, 69～70, 112
そだてる漁業……32, 34, 42～43, 46

た

タイ……30～32, 34～35, 42, 47, 49～50, 52～54, 56～58, 80, 111, 114, 119～120, 129, 153
体験学習……28～29, 58
鯛飯……56～57
多面的機能……116, 139, 152
地域活性化……5, 11～12, 82, 118, 122
地域協働……5, 94, 115, 121, 154
地域再生……121～122
地域資源……5, 11, 27～28, 89, 108, 118, 121～122
地域食育協働システム……150～151
地域水産業……78, 118
地域的効果……5, 108, 114
地域特性……28
地域文化……116, 118, 120, 149～150
「地域理解教育」……107, 117～118, 120～122
地域力……121
地産地消……12, 107, 118, 128, 135, 149
地場産比率……78
地方名……32, 80～81
調理実習……28～30, 46, 52～54, 93
ツール開発……5, 72～73, 85
展開プログラム……5, 43, 59, 64, 66～70, 76, 96, 137

とる漁業……32, 42～43, 45～48

は

PR戦略……148
ビジネスモデル……144
フードチェーン……43, 45, 52, 59
飽食の時代……124

ま

マーケットイン……142
マーケティング戦略……147
まちづくり……11, 87, 101～103, 121
町の魚……42, 49, 80
マリンツーリズム……139～141, 150
「味覚異常」……113

や

輸入水産物……32, 118
幼小連携……57
養殖業……32, 34, 44～45, 51, 74, 126

ら

ライフスタイル……17
漁と食の乖離……125, 137
流通戦略……147
流通段階別価格差……134～135

わ

ワラ焼きカツオタタキ……55, 58

ぎょしょく教育
―愛媛県愛南町発　水産版食育の実践と提言―

定価はカバーに表示してあります

2008年5月1日　第1版第1刷発行

編著者　　若林良和
発行者　　鶴見治彦
　　　　　筑波書房
　　　　　東京都新宿区神楽坂2-19　銀鈴会館　〒162-0825
　　　　　電話03（3267）8599　www.tsukuba-shobo.co.jp

©Yoshikazu Wakabayashi 2008 Printed in Japan

印刷/製本　平河工業社
ISBN978-4-8119-0328-6 C0037

執筆者紹介

若林良和（わかばやし　よしかず、編者、執筆：第1、2、3、4、5、7章担当）

愛媛大学南予水産研究センター副センター長・教授（愛媛大学農学部教授）

1959年滋賀県生まれ。学習院大学法学部卒、佛教大学大学院社会学研究科博士課程修了。国立放送教育開発センター研究開発部助手、高知大学教育学部教授などを経て、現職。博士（水産学）。専門は水産社会学、カツオ産業文化論。著書として、『カツオ一本釣り』（中公新書、1991）、『水産社会論』（御茶の水書房、2000）、『カツオの産業と文化』（成山堂書店、2004）など多数。

【執筆者からのメッセージ】

食育に関して、研究は奥深く、実践には新たな発見がたくさんある。蝸牛の歩みながらも、進取で独創的な研究、さらに、持続可能な実践を手掛けていきたい。

阿部　覚（あべ　さとる、執筆：第3、4、5、8章担当）

愛媛大学大学院連合農学研究科特定研究員

1971年愛媛県生まれ。関西大学経済学部卒。愛媛大学大学院連合農学研究科博士課程修了。大学卒業後、スーパーマーケット鮮魚部勤務を経て、現在に至る。博士（農学）。調理師・販売士資格。専門は流通政策論、地域マーケティング論。論文として、「学校給食における水産物利用の意義と課題」『地域漁業研究』45(2)、「「ぎょしょく教育」の概念と意義」『地域漁業研究』47(1)など。

【執筆者からのメッセージ】

食育実践は、地域に根ざすことが大切であると実感している。この活動の輪を広げるとともに、地域と地域とをつなぐ取組みにも挑戦していきたい。

竹ノ内徳人（たけのうち　なるひと、執筆：第9章担当）

愛媛大学南予水産研究センター准教授（愛媛大学農学部准教授）

1968年鹿児島県生まれ。鹿児島大学水産学部卒、同大学大学院連合農学研究科博士課程修了。金沢工業大学システム工学科研究員、石川県産業創出支援機構研究員を経て、現職。博士（水産学）。専門は水産経営・経済学、地域活性化論、マーケティング戦略論。著書として、『ゼミナール現代社会と食料・環境・農業』（共著、農山漁村文化協会、2007）、『石川予防型社会創造産業クラスターと予防型医療社会システムの展開』（共著、(財)石川県産業創出支援機構、2007）など。

【執筆者からのメッセージ】

食育活動は、地域独自のサブカルチャーを多分に含んでいることに気づかされる。ビジネスとうまく組み合わせて地域活性化に活かしてもらいたい。

野崎賢也（のざき　けんや、執筆：第5、6章担当）

愛媛大学地域創成研究センター准教授（愛媛大学法文学部准教授）

1970年高知県生まれ。京都大学文学部卒。京都大学大学院文学研究科博士課程修了。日本学術振興会特別研究員、愛媛大学法文学部専任講師を経て、現職。専門は環境社会学、地域社会学。論文・著書として、「社会運動化するアメリカのローカル・フード運動」『現代農業』2006年2月号増刊（農文協、2006）、『観光と環境の社会学』（共著、新曜社、2003）など。

【執筆者からのメッセージ】

日本の水産物消費のあり方が世界的な問題とされるなかで、日本各地のローカルでサステイナブルな食を再考・再興する食育の意義はとても大きい。その動きを世界に伝えたい。